NORDPOLARMEER

ASIEN

PAZIFIK

AFRIKA

INDISCHER OZEAN

OZEANIEN

N

W

O

S

SÜDPOLARMEER

ANTARKTIS

Dieses Buch ist
Christoph Kolumbus, Ferdinand Magellan und Vasco da Gama gewidmet,
die auf der Weltkarte meiner Kindheit umhergesegelt sind

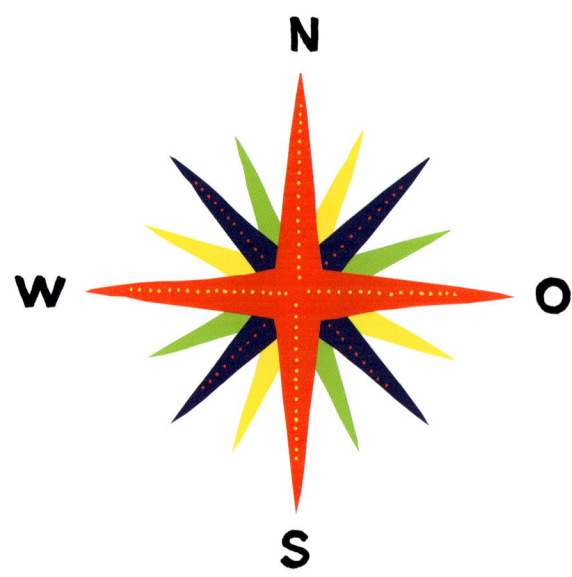

Übersetzung und Produktion wurden freundlicherweise gefördert durch
The Swedish Arts Council. Der Verlag bedankt sich.

Die Originalausgabe erschien unter dem Titel *Jorden runt: Upptäckare & äventyrare*.
Text & illustrations © Sarah Sheppard, 2017
First published by Bonnier Carlsen Bokförlag, Stockholm, Sweden
Published in the German language by arrangement with Bonnier Rights, Stockholm, Sweden

Für die deutschsprachige Ausgabe:
1. Auflage 2019
© 2019 Klett Kinderbuch, Leipzig
Alle Rechte vorbehalten
Umschlag & Satz: Florian v. Wissel, hoop-de-la design, Köln,
unter Verwendung von Illustrationen von Sarah Sheppard
Druck & Bindung: Livonia Print, Riga
Printed in Latvia
ISBN 978-3-95470-196-4
www.klett-kinderbuch.de

Dank an die Expeditionsteilnehmer Karin Lemon und Marcus Olsson

SARAH SHEPPARD

Entdeckerinnen & Abenteurer

AUS DEM SCHWEDISCHEN VON
JANA HEMER

ABENTEUER IN ALLER WELT

Was war da los, als Christoph Kolumbus eigentlich nach Asien segeln sollte, aber stattdessen in Amerika landete? Was geschah, als George Mallory und Andrew Irvine den Mount Everest besteigen wollten und spurlos verschwanden? Wer war der erste Mensch am Nordpol? Und wer starb am Südpol? Was passierte mit Amelia Earhart, als sie versuchte, einmal rund um die Erde zu fliegen?

In diesem Buch lernst du einige der erfolgreichsten – und erfolglosesten! – Abenteurerinnen und Entdecker der Weltgeschichte kennen!

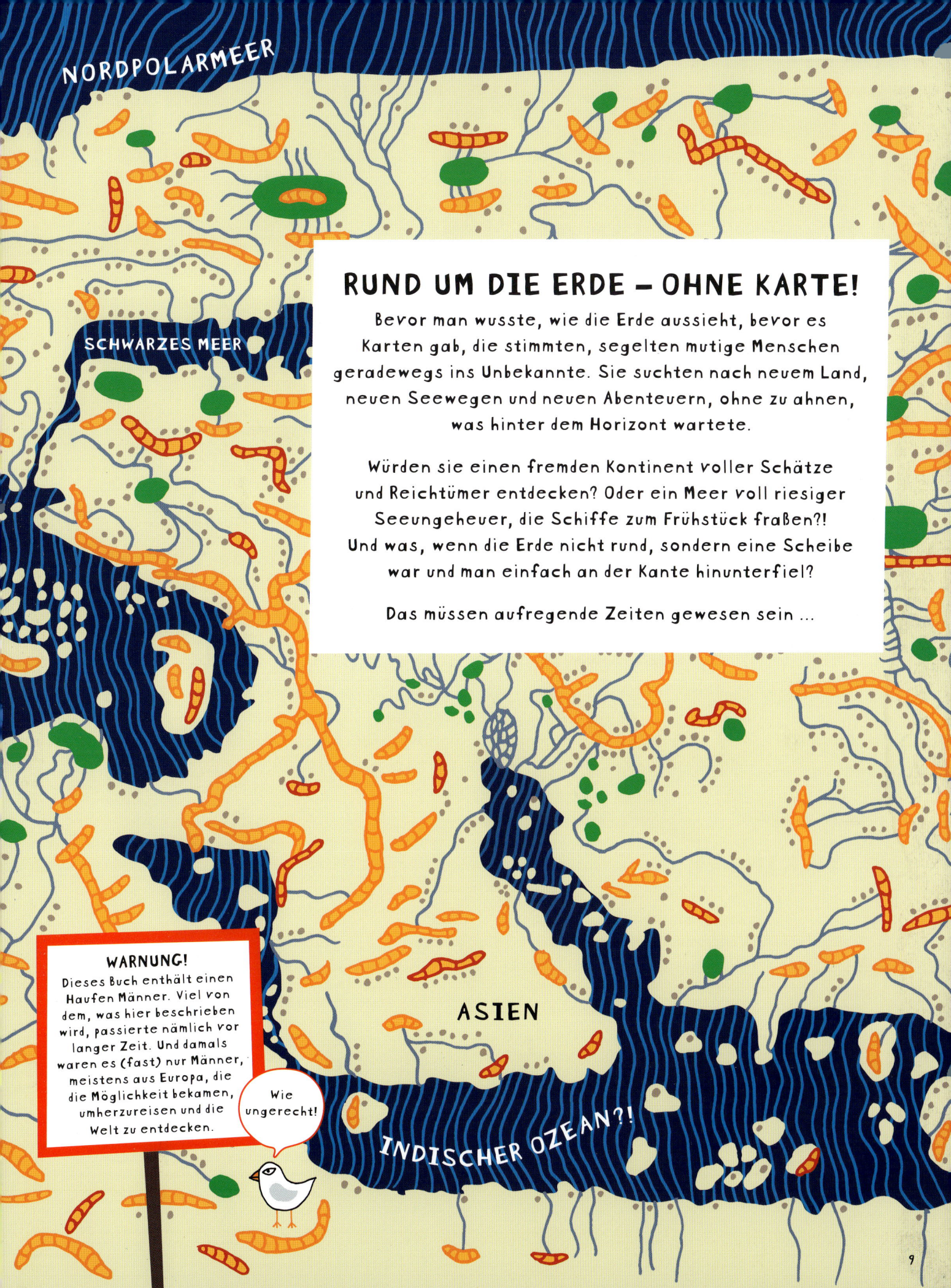

NORDPOLARMEER

SCHWARZES MEER

RUND UM DIE ERDE – OHNE KARTE!

Bevor man wusste, wie die Erde aussieht, bevor es Karten gab, die stimmten, segelten mutige Menschen geradewegs ins Unbekannte. Sie suchten nach neuem Land, neuen Seewegen und neuen Abenteuern, ohne zu ahnen, was hinter dem Horizont wartete.

Würden sie einen fremden Kontinent voller Schätze und Reichtümer entdecken? Oder ein Meer voll riesiger Seeungeheuer, die Schiffe zum Frühstück fraßen?! Und was, wenn die Erde nicht rund, sondern eine Scheibe war und man einfach an der Kante hinunterfiel?

Das müssen aufregende Zeiten gewesen sein ...

ASIEN

WARNUNG!
Dieses Buch enthält einen Haufen Männer. Viel von dem, was hier beschrieben wird, passierte nämlich vor langer Zeit. Und damals waren es (fast) nur Männer, meistens aus Europa, die die Möglichkeit bekamen, umherzureisen und die Welt zu entdecken.

Wie ungerecht!

INDISCHER OZEAN?!

GRÖNLAND

ISLAND

KANADA

NORWEGEN

SCHW

DÄNEMARK

NORDAMERIKA

VINLAND

Venedig

ITALIE

ATLANTIK

PAZIFIK

SÜDAMERIKA

Sprechblasen:

Ich bin der Wikinger LEIF ERIKSSON. Ich bin der erste Europäer, der nach Nordamerika gesegelt ist!

Eine eisbedeckte Insel, die Grünland heißt? Ich hätte da einen besseren Vorschlag: Weißland. Oder Eisland.

Psst ... Der erste Europäer, der in Amerika geboren wurde, war der Wikingersohn SNORRE! Hehe.

WIKINGER

Schon früh in der Welt unterwegs waren die Wikinger. Sie kamen aus Schweden, Norwegen und Dänemark und beherrschten den Norden von 800 bis 1100. Heute kennt man die Wikinger vor allem als streitsüchtige Kerle, die es liebten, zu plündern und zu raufen, aber tatsächlich waren sie auch fähige Handwerker, Kaufleute und Entdeckungsreisende. Mit ihren Wikingerschiffen segelten sie übers Meer und ruderten Flüsse hinab bis weit ins Innere von Europa. Sie fuhren auch nach Westen: nach Island, Grönland und sogar bis nach Amerika. Das hieß damals aber noch nicht so – die Wikinger nannten Amerika „Vinland".

ERIK DER ROTE

Der Wikinger Erik der Rote wurde um das Jahr 940 in Norwegen geboren. Er und seine Familie waren typisch raubeinige Wikinger, die oft Streit vom Zaun brachen. Zuerst wurde Eriks Vater wegen Mordes angeklagt, sodass die ganze Familie von Norwegen nach Island fliehen musste. Dort tötete Erik mehrere Menschen und musste deshalb auch Island verlassen! Er segelte mit seiner Familie nach Westen, bis er zu einer riesigen Insel kam. Die Insel, die größtenteils von Gletschereis bedeckt war, nannte er Grönland, das bedeutet „Grünland". Er hoffte, der herrliche Name würde weitere Wikinger auf die Insel locken. Das klappte ziemlich gut – die Kolonie, die Erik gegründet hatte, war bis ins 16. Jahrhundert hinein bewohnt.

LEIF ERIKSSON

Leif Eriksson, Sohn von Raufbold Erik dem Roten, wurde in Island geboren, aber wuchs in Grönland auf. Als er groß war, segelte er gemeinsam mit anderen westwärts und landete um das Jahr 1000 an der Küste Nordamerikas. Hier blieben sie einige Jahre, bis es zu viel Streit mit der einheimischen Bevölkerung gab, die hier schon viel länger lebte. Da fuhren die Wikinger heim nach Grönland, kamen aber immer mal wieder zurück, um Bauholz zu holen.

NORDPOLARMEER

Erik der Rote 960–985
Leif Eriksson 1000
Marco Polo 1271–1295
Ibn Battuta 1325–1354

MARCO POLO

Marco Polo wurde 1254 in Italien geboren. Als 17-Jähriger begleitete er seinen Vater auf eine Handelsreise, die ihn unter anderem in den Iran, nach Afghanistan, Indien und China führte. Erst 24 Jahre später kehrte er heim und wurde kurz darauf in einen Krieg verstrickt, den Venedig damals führte. Er wurde gefangen genommen und ins Gefängnis gesteckt. Pech für Marco Polo – aber Glück für uns: Er teilte sich die Zelle nämlich mit einem Schriftsteller, der alles aufschrieb, wovon Polo berichtete. In dem Buch kann der Rest der Welt seitdem lesen, was Polo alles gesehen und erlebt hat. Nach ein paar Jahren wurde Marco Polo aus dem Gefängnis entlassen und lebte bis zu seinem Tod 1324 in Venedig.

EUROPA

IRAN

AFGHA-NISTAN

ASIEN

CHINA

INDIEN

Mekka
SAUDI-ARABIEN

AFRIKA

INDISCHER OZEAN

PAZIFIK

IBN BATTUTA

Ibn Battuta wurde 1304 in Marokko geboren. Mit 21 Jahren begab er sich auf eine Pilgerfahrt nach Mekka, der heiligen Stadt der Muslime. Dort beschloss er, ALLE Länder zu besuchen, in denen viele Muslime lebten. Das dauerte – erst nach 24 Jahren kam er zurück! Und auch dann hielt es ihn nur ein paar Tage zu Hause, bevor er auf die nächste Reise aufbrach. Ibn Battuta reiste selten auf kürzestem Weg von einem Ort zum anderen und vermied es, dieselbe Route zweimal zu nehmen. Er fand, das Wichtigste am Reisen sei, so viel zu sehen und zu lernen wie möglich. Er reiste weiter als irgendjemand vor ihm und wird häufig der größte Entdeckungsreisende aller Zeiten genannt.

REKORDREISEN IM OSTEN

Zwei frühe Entdeckungsreisende waren Marco Polo und Ibn Battuta. Beide reisten im 13. und 14. Jahrhundert unglaublich weit durch Asien und Afrika. Zu dieser Zeit gab es keine Züge, Autos oder Flugzeuge, um sich fortzubewegen. Stattdessen ritten sie auf Pferden und Kamelen oder gingen weite Strecken zu Fuß. Viele der späteren Entdeckungsreisenden wurden von Polos und Battutas großartigen Reisen inspiriert.

SÜDPOLARMEER

ANTARKTIS

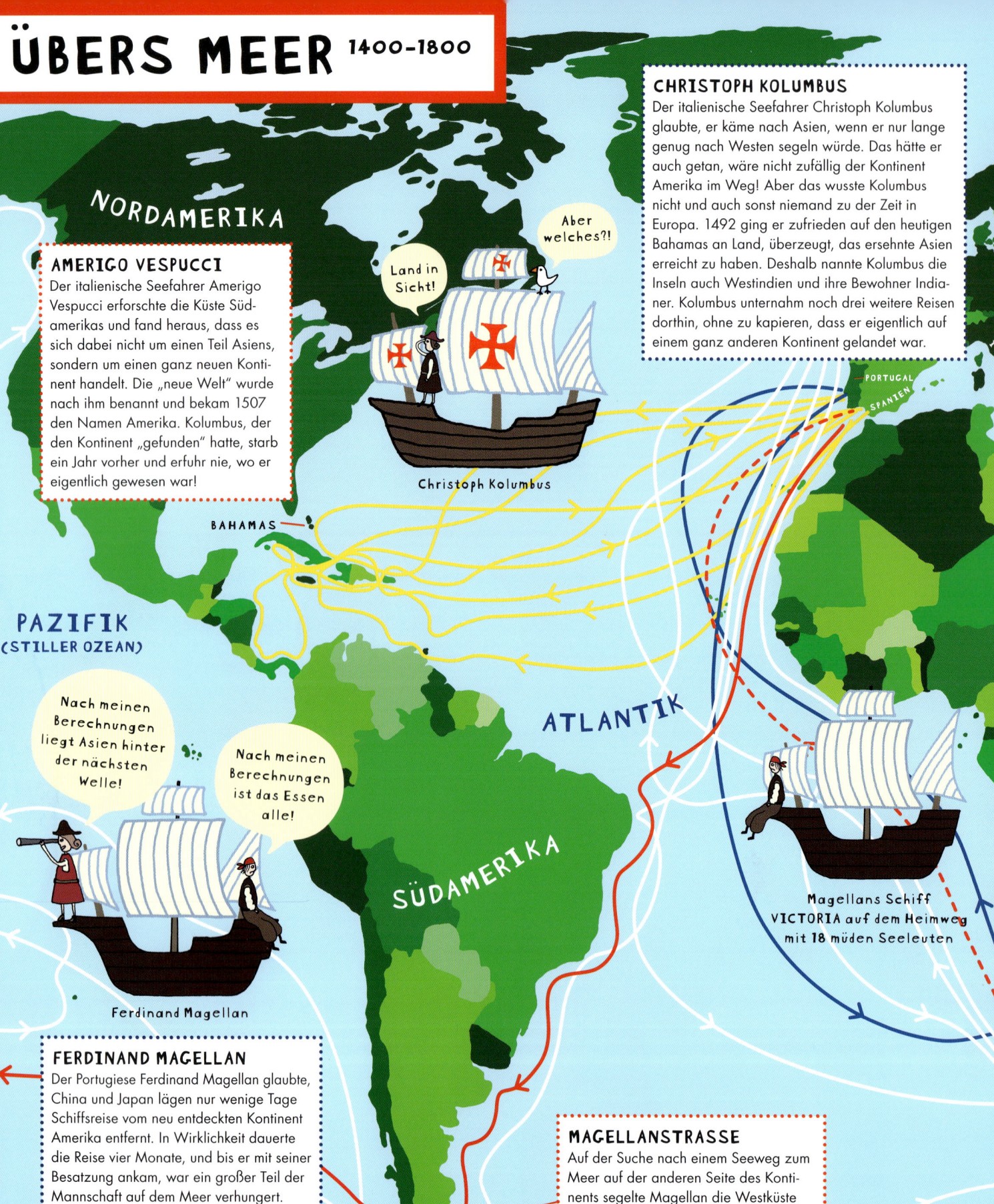

NORDAMERIKA

CHRISTOPH KOLUMBUS

Der italienische Seefahrer Christoph Kolumbus glaubte, er käme nach Asien, wenn er nur lange genug nach Westen segeln würde. Das hätte er auch getan, wäre nicht zufällig der Kontinent Amerika im Weg! Aber das wusste Kolumbus nicht und auch sonst niemand zu der Zeit in Europa. 1492 ging er zufrieden auf den heutigen Bahamas an Land, überzeugt, das ersehnte Asien erreicht zu haben. Deshalb nannte Kolumbus die Inseln auch Westindien und ihre Bewohner Indianer. Kolumbus unternahm noch drei weitere Reisen dorthin, ohne zu kapieren, dass er eigentlich auf einem ganz anderen Kontinent gelandet war.

AMERIGO VESPUCCI

Der italienische Seefahrer Amerigo Vespucci erforschte die Küste Südamerikas und fand heraus, dass es sich dabei nicht um einen Teil Asiens, sondern um einen ganz neuen Kontinent handelt. Die „neue Welt" wurde nach ihm benannt und bekam 1507 den Namen Amerika. Kolumbus, der den Kontinent „gefunden" hatte, starb ein Jahr vorher und erfuhr nie, wo er eigentlich gewesen war!

Land in Sicht!

Aber welches?!

Christoph Kolumbus

ITALIEN

PORTUGAL

SPANIEN

BAHAMAS

PAZIFIK
(STILLER OZEAN)

ATLANTIK

Nach meinen Berechnungen liegt Asien hinter der nächsten Welle!

Nach meinen Berechnungen ist das Essen alle!

SÜDAMERIKA

Magellans Schiff VICTORIA auf dem Heimweg mit 18 müden Seeleuten

Ferdinand Magellan

FERDINAND MAGELLAN

Der Portugiese Ferdinand Magellan glaubte, China und Japan lägen nur wenige Tage Schiffsreise vom neu entdeckten Kontinent Amerika entfernt. In Wirklichkeit dauerte die Reise vier Monate, und bis er mit seiner Besatzung ankam, war ein großer Teil der Mannschaft auf dem Meer verhungert. Magellan selbst starb 1521 in einem Kampf auf den Philippinen. Eines der ursprünglich fünf Schiffe schaffte es aber zurück nach Europa, unter Juan Sebastián Elcano als Kapitän. Von den gut 250 Besatzungsmitgliedern kehrten nur 18 heim. Das war die allererste Weltumseglung!

MAGELLANSTRASSE

Auf der Suche nach einem Seeweg zum Meer auf der anderen Seite des Kontinents segelte Magellan die Westküste Südamerikas hinab. In der Meerenge, die er schließlich fand, war es sehr stürmisch, während das Meer auf der anderen Seite vollkommen ruhig dalag. Magellan nannte es deshalb den Stillen Ozean. Die Meerenge ist heute nach ihm benannt und heißt Magellanstraße.

SÜDPOLARMEER

ZHENG HE

Zheng He war ein chinesischer Seefahrer, der eine der größten Flotten der Geschichte befehligte. Mit 30.000 Mann und mehreren hundert Schiffen unternahm er am Anfang des 15. Jahrhunderts sieben lange Reisen im Indischen Ozean. In China wusste man schon damals, dass Vitamin-C-Mangel die tödliche Krankheit Skorbut verursacht. An Bord der Schiffe wurde deshalb Gemüse angebaut. Zheng He war fast 30 Jahre lang unterwegs und bereiste unter anderem die Arabische Halbinsel, Afrika und Indien.

SEEWEG NACH ASIEN

Ende des 15. und Anfang des 16. Jahrhunderts suchten die Seefahrer Christoph Kolumbus, Vasco da Gama und Ferdinand Magellan allesamt nach einem Seeweg von Europa nach Asien. Das war gar nicht mal so leicht! Zur damaligen Zeit wusste man noch nicht, wie die Erde als Ganzes aussah, und es gab keine Weltkarten, nach denen man navigieren konnte. Den Seefahrern blieb nichts anderes übrig, als verschiedene Routen auszuprobieren und aufs Beste zu hoffen! Aber was wollten sie alle in Asien? Nun, dort gab es exotische Gewürze wie Zimt und Nelken, die man mit nach Europa nehmen und für viel Geld verkaufen konnte.

ASIEN

EUROPA

In Europa dauerte es bis ins 18. Jahrhundert, bis man hinter die Ursache von Skorbut kam. Bis dahin starben auf langen Seereisen massenhaft Seeleute.

CHINA

Hier starb Magellan im Jahr 1521.

PHILIPPINEN

PAZIFIK (STILLER OZEAN)

ARABISCHE HALBINSEL

INDIEN

AFRIKA

Ich bin der erste Europäer, der nach Indien gesegelt ist!

VASCO DA GAMA

Der portugiesische Seefahrer Vasco da Gama umrundete Afrika, durchquerte den Indischen Ozean und erreichte 1498 Indien.

Hm ... Kolumbus fand einen Kontinent, den er nicht gesucht hatte. Und Cook suchte einen Kontinent, den er nicht fand ... OKAY!

Ich bin JAMES COOK. Ich werd gleich verrückt! Wo liegt denn nun diese Terra Australis?!?!

Vasco da Gama

INDISCHER OZEAN

AUSTRALIEN

JAMES COOK

Der britische Seefahrer James Cook machte mehrere lange Seereisen rund um den Globus. Er suchte nach *Terra Australis Incognita* – einem Kontinent, den man irgendwo auf der Südhalbkugel vermutete. Man hoffte, dort Gold und Edelsteine in Massen zu finden! Cook segelte kreuz und quer über die Meere und kam unter anderem nach Australien, Neuseeland und Tahiti. Terra Australis jedoch fand er nicht ... Captain Cook starb 1779 bei einem Streit mit Einheimischen an einem Strand von Hawaii. Er wurde mit einer Kokosnuss k.o. geschlagen und dann erstochen.

DIE WELT ANNO 1570

TERRA AUSTRALIS INCOGNITA

Hier sollte Terra Australis Incognita, „Das unbekannte südliche Land", liegen!

—	ZHENG HE 1405–1433
—	KOLUMBUS 1492–1504
—	DA GAMA 1497–1498
—	MAGELLAN 1519–1521
- - -	ELCANO 1521–1522
—	COOK 1768–1779

NEUSEELAND

ANTARKTIS

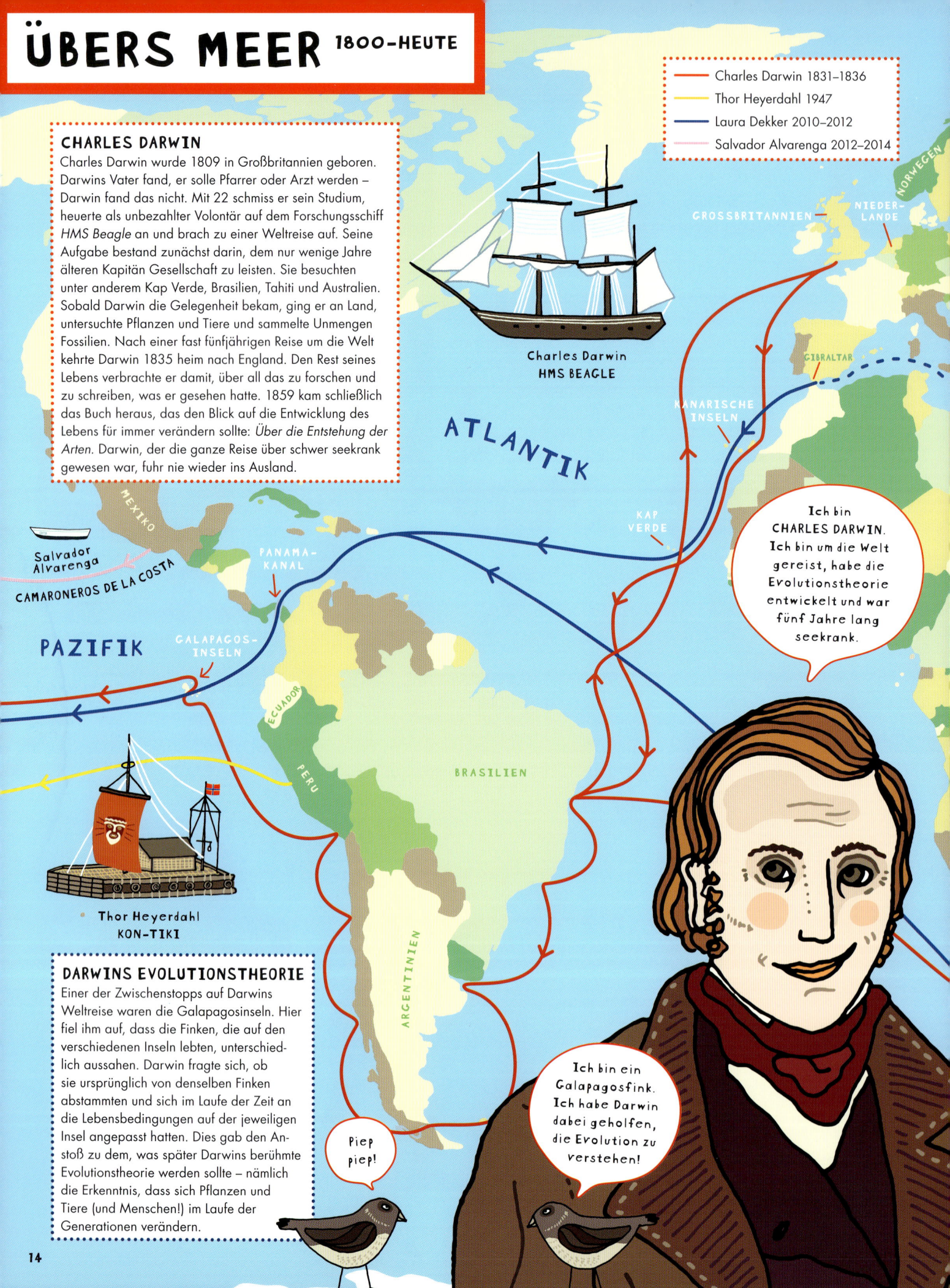

Charles Darwin 1831–1836
Thor Heyerdahl 1947
Laura Dekker 2010–2012
Salvador Alvarenga 2012–2014

CHARLES DARWIN

Charles Darwin wurde 1809 in Großbritannien geboren. Darwins Vater fand, er solle Pfarrer oder Arzt werden – Darwin fand das nicht. Mit 22 schmiss er sein Studium, heuerte als unbezahlter Volontär auf dem Forschungsschiff *HMS Beagle* an und brach zu einer Weltreise auf. Seine Aufgabe bestand zunächst darin, dem nur wenige Jahre älteren Kapitän Gesellschaft zu leisten. Sie besuchten unter anderem Kap Verde, Brasilien, Tahiti und Australien. Sobald Darwin die Gelegenheit bekam, ging er an Land, untersuchte Pflanzen und Tiere und sammelte Unmengen Fossilien. Nach einer fast fünfjährigen Reise um die Welt kehrte Darwin 1835 heim nach England. Den Rest seines Lebens verbrachte er damit, über all das zu forschen und zu schreiben, was er gesehen hatte. 1859 kam schließlich das Buch heraus, das den Blick auf die Entwicklung des Lebens für immer verändern sollte: *Über die Entstehung der Arten*. Darwin, der die ganze Reise über schwer seekrank gewesen war, fuhr nie wieder ins Ausland.

Charles Darwin
HMS BEAGLE

Salvador
Alvarenga
CAMARONEROS DE LA COSTA

Thor Heyerdahl
KON-TIKI

ATLANTIK

PAZIFIK

MEXIKO

PANAMA-KANAL

GALAPAGOS-INSELN

ECUADOR

PERU

BRASILIEN

ARGENTINIEN

KAP VERDE

KANARISCHE INSELN

GIBRALTAR

GROSSBRITANNIEN

NIEDER-LANDE

NORWEGEN

Ich bin CHARLES DARWIN. Ich bin um die Welt gereist, habe die Evolutionstheorie entwickelt und war fünf Jahre lang seekrank.

DARWINS EVOLUTIONSTHEORIE

Einer der Zwischenstopps auf Darwins Weltreise waren die Galapagosinseln. Hier fiel ihm auf, dass die Finken, die auf den verschiedenen Inseln lebten, unterschiedlich aussahen. Darwin fragte sich, ob sie ursprünglich von denselben Finken abstammten und sich im Laufe der Zeit an die Lebensbedingungen auf der jeweiligen Insel angepasst hatten. Dies gab den Anstoß zu dem, was später Darwins berühmte Evolutionstheorie werden sollte – nämlich die Erkenntnis, dass sich Pflanzen und Tiere (und Menschen!) im Laufe der Generationen verändern.

Piep piep!

Ich bin ein Galapagosfink. Ich habe Darwin dabei geholfen, die Evolution zu verstehen!

Ich bin THOR HEYERDAHL. Ich bin 8000 km weit über den Pazifik gesegelt, auf einem Floß aus Balsaholz und Hanfseilen!

Was für ein Irrer!

THOR HEYERDAHL

Thor Heyerdahl war ein norwegischer Abenteurer, der 1947 auf einem Holzfloß von Peru bis zu einer Insel im Pazifik fuhr. Begleitet wurde er von fünf weiteren Männern aus Skandinavien, die alle keine nennenswerte Segelerfahrung hatten. Heyerdahl selbst konnte nicht einmal schwimmen! Eine ganz schön verrückte Idee also. Viele glaubten, dass die sechs nicht lebend zurückkommen würden. Diese aber segelten und ließen sich von Meeresströmungen treiben, überlebten Stürme, sengende Sonne und hungrige Haie und erreichten nach 101 Tagen eine Insel in Französisch-Polynesien. Genau wie Heyerdahl vorausberechnet hatte! Und wozu das alles? Heyerdahl hatte früher ein Jahr auf der Pazifikinsel Fatu Hiva gelebt und war zu der Überzeugung gelangt, dass die Vorfahren der dortigen Bevölkerung vor langer Zeit (um das Jahr 500 herum) mit Booten aus Südamerika gekommen sein mussten – und nicht, wie alle glaubten, von Westen aus Asien. Forscher widersprachen ihm und meinten, das sei unmöglich, weil man in Südamerika zu der Zeit nicht einmal richtige Schiffe hatte. Um zu beweisen, dass man auf einem einfachen Holzfloß so weit übers Meer fahren konnte, machte Heyerdahl die Reise selbst! Später segelte er noch mit dem Papyrusboot *Ra II* über den Atlantik und mit *Tigris,* einem Boot aus Schilf, im Indischen Ozean.

MITTELMEER

SUES-KANAL

GOLF VON ADEN

PAZIFIK

MARSHALL-INSELN

FRANZÖSISCH-POLYNESIEN

PAZIFIK

SALVADOR ALVARENGA

Im November 2012 gerieten zwei Haifischfänger vor der Küste Mexikos in einen schweren Sturm. Der Bootsmotor, das Funkgerät und ihre gesamte Ausrüstung wurden zerstört und sie trieben weiter und weiter hinaus auf den Pazifik. Nach einigen Monaten wurde der eine Mann krank und starb. Der andere, Salvador Alvarenga, schaffte es zu überleben, indem er Regenwasser trank und Fische, Schildkröten und Seevögel mit den bloßen Händen fing. Zum Schluss, nach unvorstellbaren 438 Tagen in einem kleinen, offenen Boot auf dem größten Meer der Welt, trieb er auf den Marshallinseln an Land.

Laura Dekker wollte ursprünglich über den Sueskanal und das Mittelmeer zurück nach Gibraltar segeln, aber wegen Piraten im Indischen Ozean und im Golf von Aden musste sie ihre Route ändern und segelte stattdessen über Südafrika.

INDISCHER OZEAN

AUSTRALIEN

Schiff ahoi! Ich bin LAURA DEKKER. Als ich 16 war, bin ich einmal um die Welt gesegelt. Ganz allein!

Laura Dekker GUPPY

LAURA DEKKER

Laura Dekker ist die jüngste Person, die je alleine um die Welt gesegelt ist – mit nur 16 Jahren! Dekker kommt aus den Niederlanden, aber verbrachte ihre ersten fünf Lebensjahre auf einem Schiff, mit dem ihre Eltern um die Welt reisten. Mit 13 begann sie, ihre eigene Weltumsegelung zu planen. Zunächst wurde sie von den Behörden gestoppt, die sie für so etwas Gefährliches für zu jung hielten, aber im Jahr 2010 durfte sie in ihrem roten Segelboot *Guppy* endlich raus auf den Atlantik. Ihre Schulbücher waren mit an Bord. Sie begann ihre Reise in Gibraltar und war insgesamt ein Jahr und fünf Monate unterwegs. Während der Reise legte sie unter anderem auf den Kanarischen Inseln, den Kapverden, den Galapagosinseln und auf Fiji an. Heute lebt Dekker in Neuseeland, auf ihrem Boot *Guppy*. Segeln liebt sie immer noch!

NEUSEELAND

ANTARKTIS

ARKTIS

Ich bin HENRY HUDSON. Meine Mannschaft hat mir mein Schiff geklaut! Kein Benehmen!

PAZIFIK

BERINGSTRASSE

ALASKA (USA)

Sind das da drüben auf dem Eis drei Männer?

Ada Blackjacks Lager

WRANGEL-INSEL

HENRY HUDSON †

Der Brite Henry Hudson war ein erfahrener Polarfahrer. Zwischen 1607 und 1611 unternahm er mehrere Expeditionen in die Arktis, auf denen er zunächst nach der Nordost-, später nach der Nordwestpassage suchte. Er fand keine von beiden! Aber Hudson weigerte sich aufzugeben und nach Hause zu segeln, und irgendwann hatte seine durchgefrorene und hungrige Mannschaft genug! Hudson, sein 16-jähriger Sohn und sieben weitere Männer wurden in einem offenen Boot ausgesetzt und den Wellen überlassen. Was dann mit ihnen geschah, weiß niemand – nur, dass es wohl nicht gut für sie ausging!

NORDWESTPASSAGE

BANKS-INSEL

VICTORIA-INSEL

Hier starben Franklin und seine Männer.

KING-WILLIAM-INSEL

ADA BLACKJACK

1921 reiste ein fünfköpfiges Expeditionsteam auf die unbewohnte Wrangelinsel. Geplant war, mindestens ein Jahr zu bleiben, aber schon nach wenigen Monaten ging das Essen zur Neige. Da verließen drei der Männer die Insel, um auf dem Festland Hilfe zu holen. Zurück blieben der vierte Mann, Lorne Knight, der zu krank zum Laufen war, und die Näherin des Expeditionsteams, die 23-jährige Inuit-Frau Ada Blackjack. Knight starb kurz darauf und nun war Blackjack allein auf der eisigen, menschenleeren Insel. Wie durch ein Wunder gelang es ihr zu überleben, bis sie nach zwei langen Jahren gerettet wurde. Die drei Männer, die versucht hatten, über das Meereis nach Sibirien zu wandern, wurden nie mehr gesehen …

NORDPOL

NORDPOLARMEER

HUDSON BAY

Hier wurde Henry Hudson zum letzten Mal gesehen!

Tschüss, Hudson! Auf Nimmerwiedersehen!

BAFFIN-INSEL

HUDSONSTRASSE

SPITZBERGEN (NORWEGEN)

KANADA

GRÖNLAND (DÄNEMARK)

ATLANTIK

⸺	Hudson 1610–1611
⸺	Franklin 1845–1847
⸺	Nordenskiöld 1878–1880
⸺	Amundsen 1903–1906

ISLAND

Ja! Vorspeise, Hauptgang und Nachtisch!

Ich bin ADA BLACKJACK. Ich saß zwei Jahre auf einer einsamen Insel fest. Meine einzige Gesellschaft waren ein toter Mann und die Schiffskatze Vic!

RUSSLAND

NEUSIBIRISCHE INSELN

NORDOSTPASSAGE

SEWERNAJA SEMLJA

Miau!

RUSSLAND

NORWEGEN

SCHWEDEN

FINNLAND

DER SCHLECHTESTE WEG NACH ASIEN?!

Entdeckt wurde die Nordostpassage letztlich von dem Finnlandschweden Adolf Erik Nordenskiöld. 1880 erreichte er nach zweijähriger Reise mit dem Schiff *Vega* den Pazifik. Nordenskiöld wurde weltweit für seine Entdeckung gefeiert. 26 Jahre später gelang es dem Norweger Roald Amundsen, die Nordwestpassage zu durchsegeln. Leider erwiesen sich beide Routen als völlig ungeeignet für Handelsreisen, da sie wegen all dem Eis viel zu gefährlich waren.

Franklins Schiffe TERROR und EREBUS froren nahe der King-William-Insel im Eis fest.

AUF DÜNNEM EIS – IN DER ARKTIS

Ganz im Norden des Erdballs liegt ein Gebiet, in dem es das ganze Jahr kalt ist: die Arktis! Das Meer dort heißt Nordpolarmeer und ist voller Eis, und mittendrin liegt der Nordpol. Am Nordpol gibt es also kein Land, nur gefrorenes Wasser.

NORDWEST- UND NORDOSTPASSAGE

Im 16. Jahrhundert war die Welt noch ziemlich unerforscht, und man wusste nur wenig darüber, wie es in der Arktis aussieht. Vielleicht war es ja möglich, von Europa nach Asien zu gelangen, indem man durch das Nordpolarmeer segelte? So bliebe einem der furchtbar weite Weg rund um Afrika oder Amerika erspart, überlegten schlaue Leute. Und so begann die Jagd nach einem Seeweg zwischen Atlantik und Pazifik.

Einige Expeditionen segelten westwärts und versuchten, durch Kanadas labyrinthische Inselwelt hindurch einen Weg in den Pazifik zu finden. Diese Route bekam den Namen Nordwestpassage. Andere probierten ihr Glück in nordöstlicher Richtung, oberhalb von Russland, auf der Suche nach einer Nordostpassage.

FESTGEFROREN

Das Problem war nur, dass das Nordpolarmeer weite Teile des Jahres gefroren und von Eis bedeckt ist. Manchmal auch das ganze Jahr über. Das mussten auch viele der frühen Polarfahrer feststellen, als ihre Schiffe im Eis festfroren – und manchmal jahrelang stecken blieben! Nicht selten endeten die Polarexpeditionen in einer Katastrophe …

FRANKLINS SCHRECKENSFAHRT

1845 brach John Franklin mit 128 Mann und den Schiffen *Terror* und *Erebus* aus England auf. Ihr Ziel war es, eine Nordwestpassage zu finden, doch sie segelten direkt in einen arktischen Albtraum! Das Grauen begann, als die Schiffe nahe der kanadischen King-William-Insel festfroren. Fast zwei Jahre wartete die Besatzung vergeblich, dass das Eis aufbräche. Zum Schluss gaben sie die Schiffe auf und marschierten zu Fuß Richtung Festland – eine Wanderung, die keiner von ihnen überlebte. Entlang der Küste der King-William-Insel hat man ihre Skelette gefunden. Manche Knochen hatten Kratzspuren von Messern: Offenbar waren die Männer einer nach dem anderen unterwegs gestorben – und irgendwann so ausgehungert, dass sie zu Kannibalen wurden und sich gegenseitig aufaßen! Die Wracks der beiden Schiffe wurden erst vor wenigen Jahren auf dem Meeresgrund entdeckt. Die Franklin-Expedition gilt als eine der größten Katastrophen in der Geschichte der Entdeckungsreisen.

DER NORDPOL

AUF ZUM NORDPOL!

Am Ende des 19. Jahrhunderts waren weite Teile der Erde erforscht, was also sollten Abenteuersuchende und Entdeckungsreisende jetzt machen? Den Nord- und den Südpol erobern natürlich!

ANDRÉES BALLONUNGLÜCK

Der schwedische Ingenieur Salomon August Andrée wollte der Erste am Nordpol sein. Andrée hatte keine nennenswerte Erfahrung mit Polarreisen, aber hielt das auch nicht für nötig – er hatte nämlich vor, in aller Ruhe *über* den Nordpol zu fliegen, in einem Gasballon. Andrée packte Champagner und feine Kleider ein und sah sich schon als zukünftigen Helden. Am 11. Juli 1897 hob er zusammen mit Nils Strindberg und Knut Frænkel von Spitzbergen ab. Nach nur drei Tagen hatte der Ballon so viel Gas verloren, dass er auf dem Eis notlanden musste. Aus dem Ziel Nordpol wurde nichts, jetzt ging es nur noch ums Überleben und darum, zurück ans Festland zu gelangen.

Sie wanderten los über das Packeis, das alles andere als eben ist – das war harte Arbeit: Sie mussten ihr Gepäck über tiefe Spalte, Wasseransammlungen und meterhohe Eiswälle schaffen, die entstehen, wenn Eisschollen gegeneinandergepresst werden. Zudem war das Eis die ganze Zeit in Bewegung. Während die Männer nach Süden gingen, trieb das Eis nach Norden, sodass sie sich an manchen Tagen mehr zurück- als voranbewegten.

TOD AUF KVITØYA

Nach drei Monaten anstrengender Wanderung über das Eis erreichten sie schließlich Land – die unbewohnte Gletscherinsel Kvitøya. Hier gab es nichts als Steine und Eis. Andrée, der die ganze Zeit über Tagebuch geführt hatte, hörte nun plötzlich auf zu schreiben. Was auf Kvitøya passiert ist, weiß man also nicht. Sie hatten noch Essen, Medikamente, Waffen und warme Kleidung, trotzdem starben alle drei, bevor sie auch nur ihre Sachen ausgepackt hatten. 33 Jahre später, 1930, wurden ihre Leichen und die Reste ihrer tragischen Expedition gefunden.

Ich bin SALOMON AUGUST ANDRÉE. Erst stürzt mein Ballon ab. Dann muss ich drei mordsanstrengende Monate lang zu Fuß übers Eis gehen. Und als ich endlich Land erreiche, ist es eine eisige, menschenleere Insel, auf der nichts als hungrige Eisbären leben. Ich Ärmster!

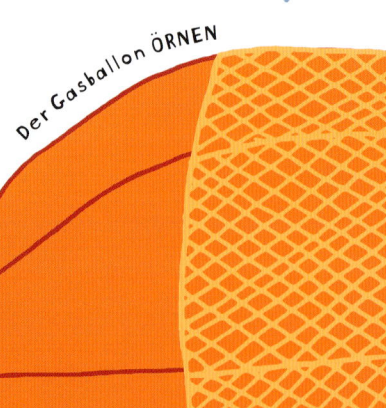

Der Gasballon ÖRNEN

Ups, das lief nicht ganz wie geplant ...

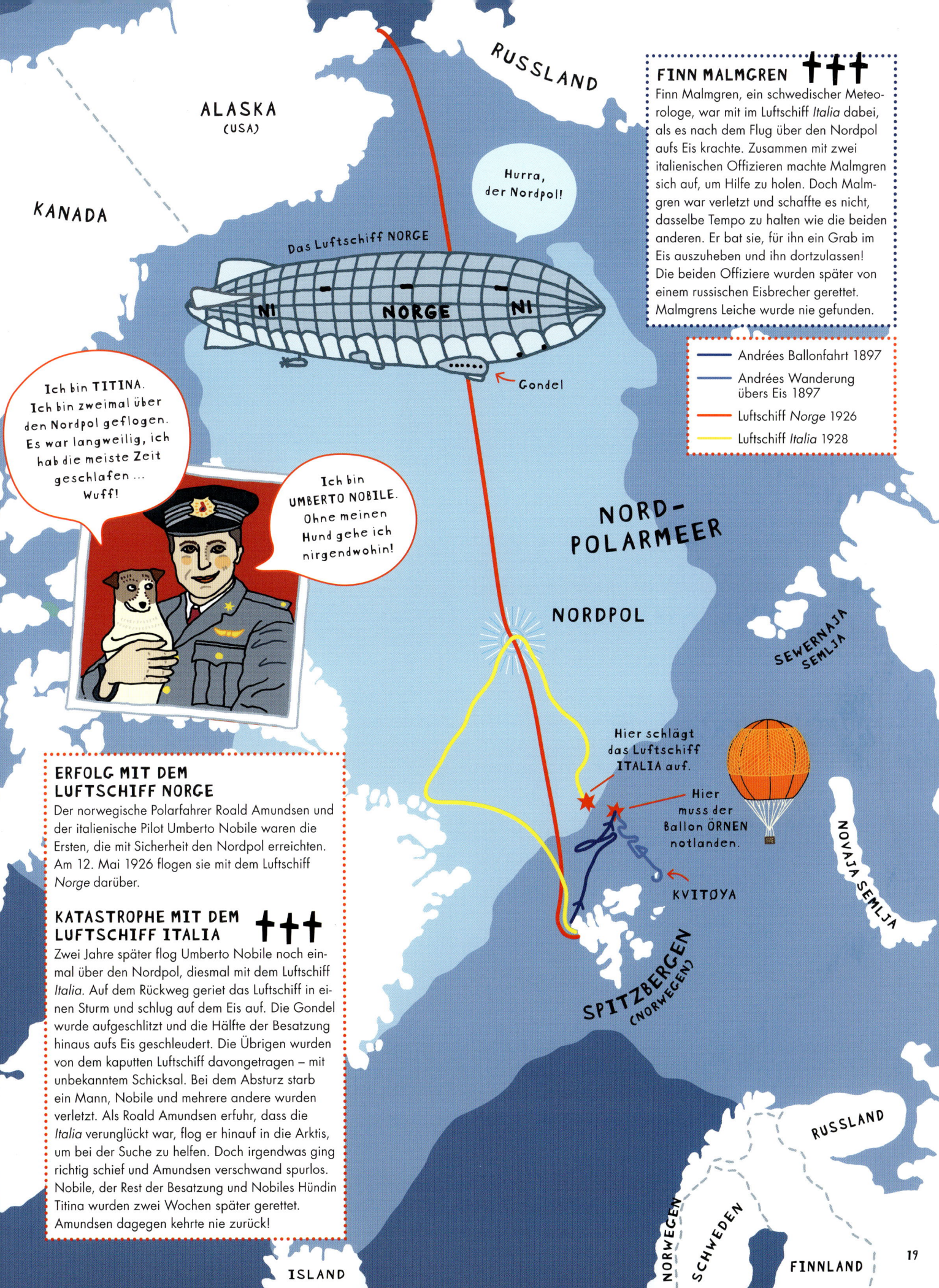

RUSSLAND

ALASKA
(USA)

KANADA

Hurra,
der Nordpol!

Das Luftschiff NORGE

NI   NORGE   NI

← Gondel

Ich bin TITINA.
Ich bin zweimal über
den Nordpol geflogen.
Es war langweilig, ich
hab die meiste Zeit
geschlafen …
Wuff!

Ich bin
UMBERTO NOBILE.
Ohne meinen
Hund gehe ich
nirgendwohin!

FINN MALMGREN ✝✝✝

Finn Malmgren, ein schwedischer Meteorologe, war mit im Luftschiff *Italia* dabei, als es nach dem Flug über den Nordpol aufs Eis krachte. Zusammen mit zwei italienischen Offizieren machte Malmgren sich auf, um Hilfe zu holen. Doch Malmgren war verletzt und schaffte es nicht, dasselbe Tempo zu halten wie die beiden anderen. Er bat sie, für ihn ein Grab im Eis auszuheben und ihn dortzulassen! Die beiden Offiziere wurden später von einem russischen Eisbrecher gerettet. Malmgrens Leiche wurde nie gefunden.

— Andrées Ballonfahrt 1897
— Andrées Wanderung übers Eis 1897
— Luftschiff *Norge* 1926
— Luftschiff *Italia* 1928

NORD-
POLARMEER

NORDPOL

SEWERNAJA
SEMLJA

Hier schlägt
das Luftschiff
ITALIA auf.

Hier
muss der
Ballon ÖRNEN
notlanden.

NOVAJA SEMLJA

KVITØYA

ERFOLG MIT DEM LUFTSCHIFF NORGE

Der norwegische Polarfahrer Roald Amundsen und der italienische Pilot Umberto Nobile waren die Ersten, die mit Sicherheit den Nordpol erreichten. Am 12. Mai 1926 flogen sie mit dem Luftschiff *Norge* darüber.

KATASTROPHE MIT DEM LUFTSCHIFF ITALIA ✝✝✝

Zwei Jahre später flog Umberto Nobile noch einmal über den Nordpol, diesmal mit dem Luftschiff *Italia*. Auf dem Rückweg geriet das Luftschiff in einen Sturm und schlug auf dem Eis auf. Die Gondel wurde aufgeschlitzt und die Hälfte der Besatzung hinaus aufs Eis geschleudert. Die Übrigen wurden von dem kaputten Luftschiff davongetragen – mit unbekanntem Schicksal. Bei dem Absturz starb ein Mann, Nobile und mehrere andere wurden verletzt. Als Roald Amundsen erfuhr, dass die *Italia* verunglückt war, flog er hinauf in die Arktis, um bei der Suche zu helfen. Doch irgendwas ging richtig schief und Amundsen verschwand spurlos. Nobile, der Rest der Besatzung und Nobiles Hündin Titina wurden zwei Wochen später gerettet. Amundsen dagegen kehrte nie zurück!

SPITZBERGEN
(NORWEGEN)

RUSSLAND

NORWEGEN SCHWEDEN FINNLAND

ISLAND

MÄNNER GESUCHT
für gefährliche Reise; niedriger Lohn, Eiseskälte, viele Monate in völliger Dunkelheit, ständige Gefahr, sichere Heimkehr zweifelhaft, Ruhm und Ehre bei Erfolg.
Ernest Shackleton   4 Burlington st.

Oh, was für ein Traumjob ...

DIE ANTARKTIS

Ganz unten auf der Erdkugel liegt die Antarktis, ein Kontinent, der fast komplett von einer mehrere Tausend Meter dicken Eisschicht bedeckt ist. Hier liegt der Südpol. Am Anfang des 20. Jahrhunderts hatte noch niemand seinen Fuß hierher gesetzt, doch nun begann ein Wettstreit darum, wer es als Erstes herschaffen würde.

ZUM NORDPOL – NEIN, ZUM SÜDPOL!

Der Polarfahrer Roald Amundsen hatte immer davon geträumt, zum Nordpol zu reisen. 1909 war er gerade dabei, eine Expedition dorthin vorzubereiten, als ihn die schlechte Nachricht erreichte, ein Amerikaner sei schon dort gewesen.*

Wenn ich nicht der Erste am Nordpol sein kann, dann muss ich eben der Erste am Südpol sein, dachte Amundsen. Und ohne irgendjemandem von seinen Plänen zu erzählen – nicht einmal seiner eigenen Besatzung! –, segelte er stattdessen in die Antarktis. Amundsen wusste nämlich, dass schon eine andere Expedition auf dem Weg dorthin war, die Zeit drängte also!

ROBERT FALCON SCOTT

Die andere Expedition Richtung Südpol wurde von dem Briten Robert Falcon Scott geleitet. Sein Plan war es, sich mit Ponys und Motorschlitten durch die Antarktis zu bewegen. Eine schlechte Idee! Die Schlitten gingen kaputt und die Ponys vertrugen die Kälte nicht und starben. Zum Schluss mussten Scott und seine Männer ihr ganzes Gepäck selbst ziehen – und das kostete viel Zeit und Kraft.

DER KAMPF UM DEN SÜDPOL

Amundsen dagegen zischte mit der Hilfe von Schlittenhunden auf Skiern durch die Antarktis. Ohne größere Probleme erreichten er und vier weitere Männer am 14. Dezember 1911 den Südpol. Sie blieben einige Tage und fuhren dann zurück zum Basislager. Hin und zurück dauerte die Reise insgesamt 99 Tage. Das war sogar kürzer, als Amundsen geplant hatte!

So gut es für Amundsens Expedition lief, so schlecht lief es für Scotts. Als die Männer nach viel Plackerei am Südpol ankamen, warteten schon eine norwegische Flagge und ein Brief von Amundsen auf sie. Er war einen ganzen Monat früher dort gewesen! Enttäuscht kehrten Scott und seine Männer um. Aber jetzt waren sie erschöpft und das Essen ging zur Neige. Auf dem Rückweg starben alle fünf vor Kälte, Hunger und Entkräftung.

AUF DEM EIS MIT ERNEST SHACKLETON

1914 wollte der britische Polarfahrer Ernest Shackleton die Antarktis, am Südpol vorbei, einmal komplett durchqueren. Doch er kam nicht einmal in der Antarktis an, denn sein Schiff *Endurance* fror im Packeis fest. Es trieb mit dem Eis im Meer – in die völlig falsche Richtung! –, bis es schließlich zerquetscht wurde und sank. Shackleton und seine Männer trieben jetzt auf einer Eisscholle weiter. Mit viel Glück erreichten sie nach mehreren Monaten die unbewohnte Insel Elephant Island. Shackleton brach mit einigen Männern in einem Rettungsboot auf, um Hilfe zu holen. Nach Wochen auf dem stürmischsten Meer der Welt kamen sie nach Südgeorgien, wo es eine Walfangstation gab. Leider lag sie auf der anderen Seite der Insel, und um dorthinzugelangen, mussten sie noch ein hohes Gebirge überqueren. Als Shackleton schließlich von seiner missglückten Reise heimkehrte, wurde er dennoch als großer Held gefeiert, weil trotz allem niemand unterwegs gestorben war. Immerhin etwas!

Ich bin ROALD AMUNDSEN. Ich bin der kühnste Polarfahrer aller Zeiten!

* Mehr über den großen Streit um den Nordpol findest du auf Seite 18.

Legende

- Scott 1910–1912
- Amundsen 1910–1912
- Shackleton 1914–1916

Südpol

DIE LETZTEN TAGE DER SCOTT-EXPEDITION

Robert Falcon Scott gelang es, den Südpol zu erreichen, aber bei der wichtigsten Aufgabe scheiterte er – lebend zurückzukehren. Im November 1912 wurde er steif gefroren in seinem Zelt gefunden. Bei ihm sein Tagebuch, in dem man von der entsetzlichen Rückreise lesen konnte, die keiner überleben sollte. Zuerst war Edgar Evans in eine Gletscherspalte gestürzt und später an seinen Verletzungen gestorben. Lawrence Oates, dessen Hände und Füße erfroren waren, wusste, dass er nicht weiterlaufen konnte. Er verließ das Zelt mit den Worten: „Ich gehe nur kurz raus und bin wohl eine Weile weg" und lief geradewegs in die Kälte. Robert Scott, Edward Wilson und Henry Bowers starben schließlich während eines Schneesturms. In sein Tagebuch schrieb Scott: „Großer Gott! Dies ist ein grauenvoller Ort."

SÜD-GEORGIEN

Ernest Shackleton
ENDURANCE

Rettungsboot

ELEPHANT ISLAND

ANTARKTIS

Shackletons geplante Route

Filchner-Ronne-Schelfeis

Schelfeis sind Gletscher, die nicht auf dem Land liegen, sondern auf dem Meer schwimmen.

SÜDPOL

TRANSANTARKTISCHES GEBIRGE

In der Antarktis können sehr schwere Stürme toben und es wird extrem kalt. Der Kälterekord liegt bei entsetzlichen −89 Grad!

Hier wurde Scott tot in seinem Zelt gefunden.

Ross-Schelfeis

SÜDPOLARMEER

ROALD AMUNDSEN

Roald Amundsen wurde 1872 in Norwegen geboren und wuchs in einer Reederfamilie auf. Seiner Mutter Gustava hatte er versprochen, nicht wie seine Brüder zur See zu fahren, sondern Arzt zu werden. Doch als Roald 21 Jahre alt war, starb Gustava. Sofort schmiss er sein Studium hin und fuhr ebenfalls zur See. Roald Amundsen wollte Entdeckungsreisender werden. Und das wurde er – einer der berühmtesten aller Zeiten! 1906 entdeckte er die Nordwestpassage, 1911 war er der Erste am Südpol und 1926 wurde sein größter Wunsch Wirklichkeit – den Nordpol zu erreichen. Damit war er auch der erste Mensch, der an beiden Polen gewesen war!

Hmm, waren wir nicht vor Kurzem noch doppelt so viele ...?

Als Amundsen Richtung Südpol aufbrach, hatte er 52 Schlittenhunde. Als er zurückkam, waren es nur noch 12! Die Hunde wurden unterwegs nämlich nach und nach geschlachtet. So hatte das Expeditionsteam immer frisches Fleisch, für sich selbst und für die übrigen Hunde. Grausig, aber schlau!

DIE QUELLE DES NILS

WO ENTSPRINGT DER NIL?

Der mächtige Fluss Nil schlängelt sich durch halb Afrika und bis ins Mittelmeer – aber wo fängt er eigentlich an? Das hatte man sich jahrtausendelang gefragt. Im 19. Jahrhundert machten sich schließlich mehrere europäische Entdeckungsreisende auf den Weg nach Afrika, um dieses Rätsel zu lösen.

STREIT IM DSCHUNGEL: BURTON UND SPEKE

1857 reisten auch die Briten Richard Burton und John Hanning Speke nach Afrika, um herauszufinden, wo der Nil entspringt. Doch zunächst lief es richtig schlecht für die beiden. Sie verkrachten sich gleich am Anfang und fingen sich beide eine ganze Reihe tropischer Krankheiten ein. Nach acht Monaten Wanderung durch den Dschungel erreichten sie den riesigen Tanganjikasee. Da war Burton so krank, dass er kaum noch laufen konnte, und Speke hatte eine schwere Augenentzündung und konnte nichts sehen.

Burton war sicher, die Quelle des Nils entdeckt zu haben, aber Speke war weniger überzeugt. Er ließ den schwächlichen Burton zurück, reiste weiter nach Norden und kam schließlich zu einem noch größeren See. *Das* muss der Ursprung des Nils sein, dachte Speke, und taufte ihn zu Ehren der britischen Königin Victoria Victoriasee. Leider war inzwischen der größte Teil der Forschungsausrüstung gestohlen worden oder kaputt, sodass weder Burton noch Speke ihre Theorien beweisen konnten.

1859 kehrten Burton und Speke heim nach Großbritannien, wo ihr Streit um die Quelle des Nils noch mehrere Jahre weiterging. Im Juni 1864 sollten die beiden vor großem Publikum in London über diese Frage debattieren, doch einen Tag davor schoss Speke sich auf der Jagd selbst an. Er starb und sollte nie erfahren, was man erst viel später würde beweisen können – der Victoriasee ist tatsächlich der Ursprung des Nils!

> Ich bin JOHN HANNING SPEKE. Nach Monaten im Dschungel habe ich zum Schluss die Quelle des Nils entdeckt!

> Ich bin in Spekes Ohr gekrochen. Da hat er mich mit einem Messer rausgepult und sich so schwer verletzt, dass er fast taub wurde. Geschieht ihm recht!

> Ich bin DAVID LIVINGSTONE. Ich bin dreißig Jahre lang durch Afrika gereist. Einmal wäre ich fast von einem Löwen aufgefressen worden. Aber nur fast!

> Als Livingstone starb, wurde sein Körper nach England verschifft und mit großem Pomp in der Westminster Abbey in London beerdigt. Doch davor hatte man sein Herz nahe seines Sterbeorts unter einem Baum begraben – denn „sein Herz gehörte Afrika".

> Ruhe in Frieden, Dr. Livingstone!

DAVID LIVINGSTONE

Der Missionar und Entdeckungsreisende David Livingstone verbrachte sein halbes Leben auf Reisen im südlichen Afrika. Er „entdeckte" unter anderem die Victoriafälle, aber sein eigentliches Ziel, die Quelle des Nils, fand er nicht! Nachdem jahrelang niemand mehr von ihm gehört hatte, machte sich der Journalist Henry Morton Stanley auf die Suche nach ihm. 1871, nach acht Monaten Suche im Dschungel, hatte er Erfolg. Als Stanley und Livingstone sich am Tanganjikasee zum ersten Mal begegneten, sagte Stanley den legendären Satz: „Doktor Livingstone, nehme ich an?" Stanley, der weltberühmt dafür wurde, Livingstone gefunden zu haben, erkundete danach noch jahrelang Afrika. Livingstone, nach all den Jahren im Dschungel schwer krank, starb zwei Jahre später.

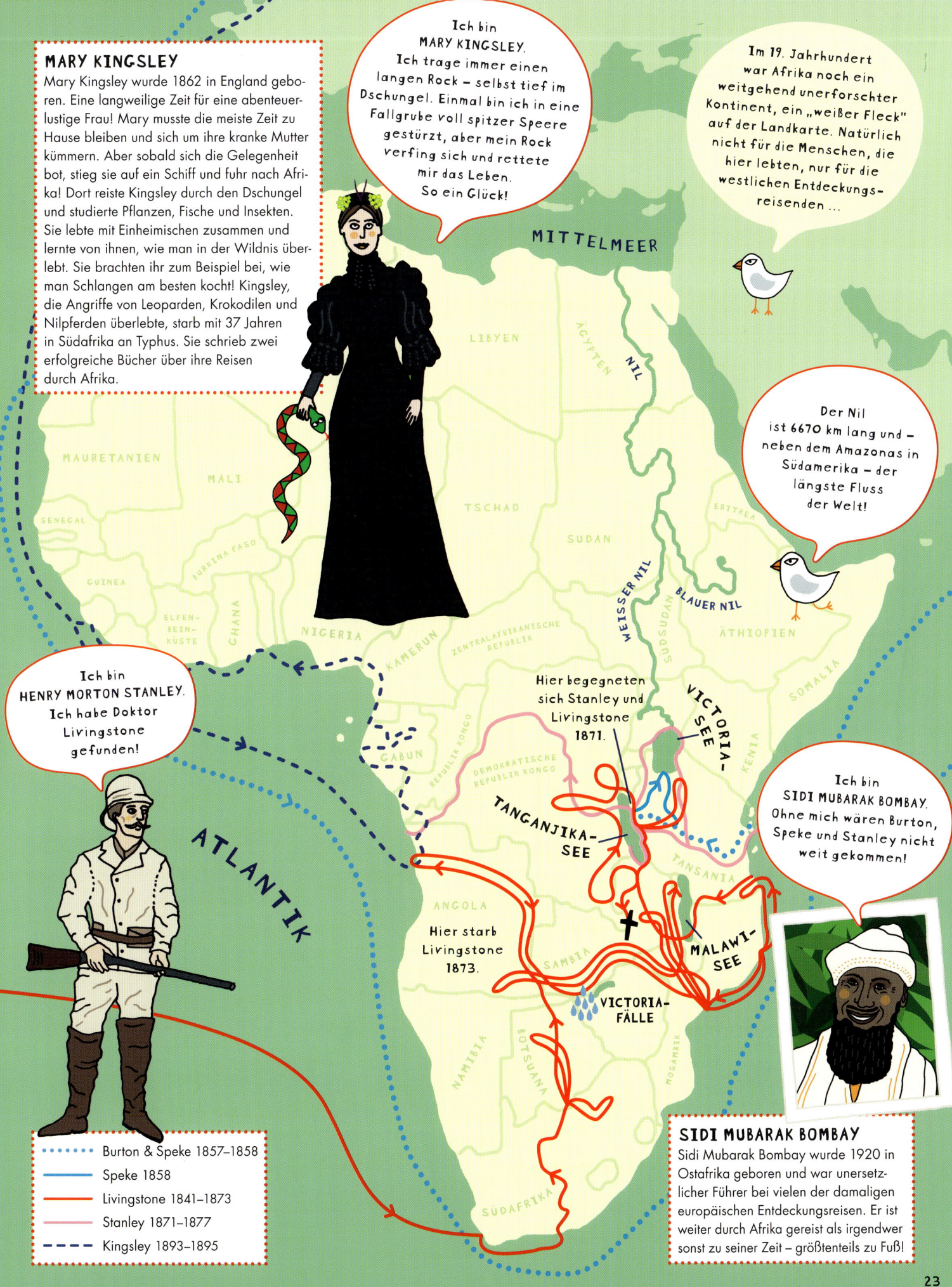

MARY KINGSLEY

Mary Kingsley wurde 1862 in England geboren. Eine langweilige Zeit für eine abenteuerlustige Frau! Mary musste die meiste Zeit zu Hause bleiben und sich um ihre kranke Mutter kümmern. Aber sobald sich die Gelegenheit bot, stieg sie auf ein Schiff und fuhr nach Afrika! Dort reiste Kingsley durch den Dschungel und studierte Pflanzen, Fische und Insekten. Sie lebte mit Einheimischen zusammen und lernte von ihnen, wie man in der Wildnis überlebt. Sie brachten ihr zum Beispiel bei, wie man Schlangen am besten kocht! Kingsley, die Angriffe von Leoparden, Krokodilen und Nilpferden überlebte, starb mit 37 Jahren in Südafrika an Typhus. Sie schrieb zwei erfolgreiche Bücher über ihre Reisen durch Afrika.

Ich bin MARY KINGSLEY. Ich trage immer einen langen Rock – selbst tief im Dschungel. Einmal bin ich in eine Fallgrube voll spitzer Speere gestürzt, aber mein Rock verfing sich und rettete mir das Leben. So ein Glück!

Im 19. Jahrhundert war Afrika noch ein weitgehend unerforschter Kontinent, ein „weißer Fleck" auf der Landkarte. Natürlich nicht für die Menschen, die hier lebten, nur für die westlichen Entdeckungsreisenden …

Der Nil ist 6670 km lang und – neben dem Amazonas in Südamerika – der längste Fluss der Welt!

Ich bin HENRY MORTON STANLEY. Ich habe Doktor Livingstone gefunden!

Hier begegneten sich Stanley und Livingstone 1871.

Ich bin SIDI MUBARAK BOMBAY. Ohne mich wären Burton, Speke und Stanley nicht weit gekommen!

Hier starb Livingstone 1873.

SIDI MUBARAK BOMBAY

Sidi Mubarak Bombay wurde 1820 in Ostafrika geboren und war unersetzlicher Führer bei vielen der damaligen europäischen Entdeckungsreisen. Er ist weiter durch Afrika gereist als irgendwer sonst zu seiner Zeit – größtenteils zu Fuß!

Burton & Speke 1857–1858
Speke 1858
Livingstone 1841–1873
Stanley 1871–1877
Kingsley 1893–1895

23

DIE TIEFSEE

Meter unter der Meeresoberfläche:

- 0 Lichtzone
- 200 Dämmerzone
- 1000 Dunkelzone
Hierher reicht kein Sonnenlicht mehr. Es ist stockdunkel.
- 2000
- 3000
- 4000
- 5000
- 6000 Zone der Tiefseegräben
- 7000
- 8000
- 9000
- 10 000
- 11000 Marianengraben, Challengertief

Auf der Reise der **HMS CHALLENGER** wurden 4717 neue Tierarten entdeckt!

Forschungsschiff HMS CHALLENGER

MARIANENGRABEN

Wo liegt der Marianengraben? Schau auf Seite 37 nach!

Freitauchen ist eine der gefährlichsten Sportarten der Welt ... wenn man kein Fisch ist!

Ich bin **NATALIA MOLCHANOVA**. Ich habe 41 Weltrekorde gebrochen und 23 Weltmeistertitel errungen!

TIEFSEEGRÄBEN

Tiefseegräben sind wie schmale Taschen im Meeresgrund, die tief hineinreichen ins Innere der Erde. Es gibt viele Tiefseegräben in den Meeren, aber der tiefste ist der Marianengraben. Der tiefste Punkt im Marianengraben heißt Challengertief und ist nach dem Forschungsschiff *HMS Challenger* benannt.

NATALIA MOLCHANOVA

Die Russin Natalia Molchanova gilt als beste Freitaucherin aller Zeiten. Beim Freitauchen taucht man ohne Pressluftflaschen möglichst tief ins Meer hinab. Ein Freitaucher muss also extrem lange den Atem anhalten – und das konnte Molchanova! Ihr Rekord lag bei unglaublichen 9 Minuten und 2 Sekunden. Im August 2015 tauchte sie im Training bis in etwa 35 Meter Tiefe – eine leichte Übung für Molchanova, deren Tauchrekord bei über 100 Metern lag. Aber diesmal ging etwas schief und Molchanova kam nie zurück an die Oberfläche. Niemand weiß, was passiert ist, aber man vermutet, dass sie von Unterwasserströmungen davongetragen wurde. Ihr Sohn, der ebenfalls Freitaucher ist, meinte, zumindest sei sie an dem Ort gestorben, der ihr am liebsten war – unter Wasser. Natalia Molchanova wurde 53 Jahre alt.

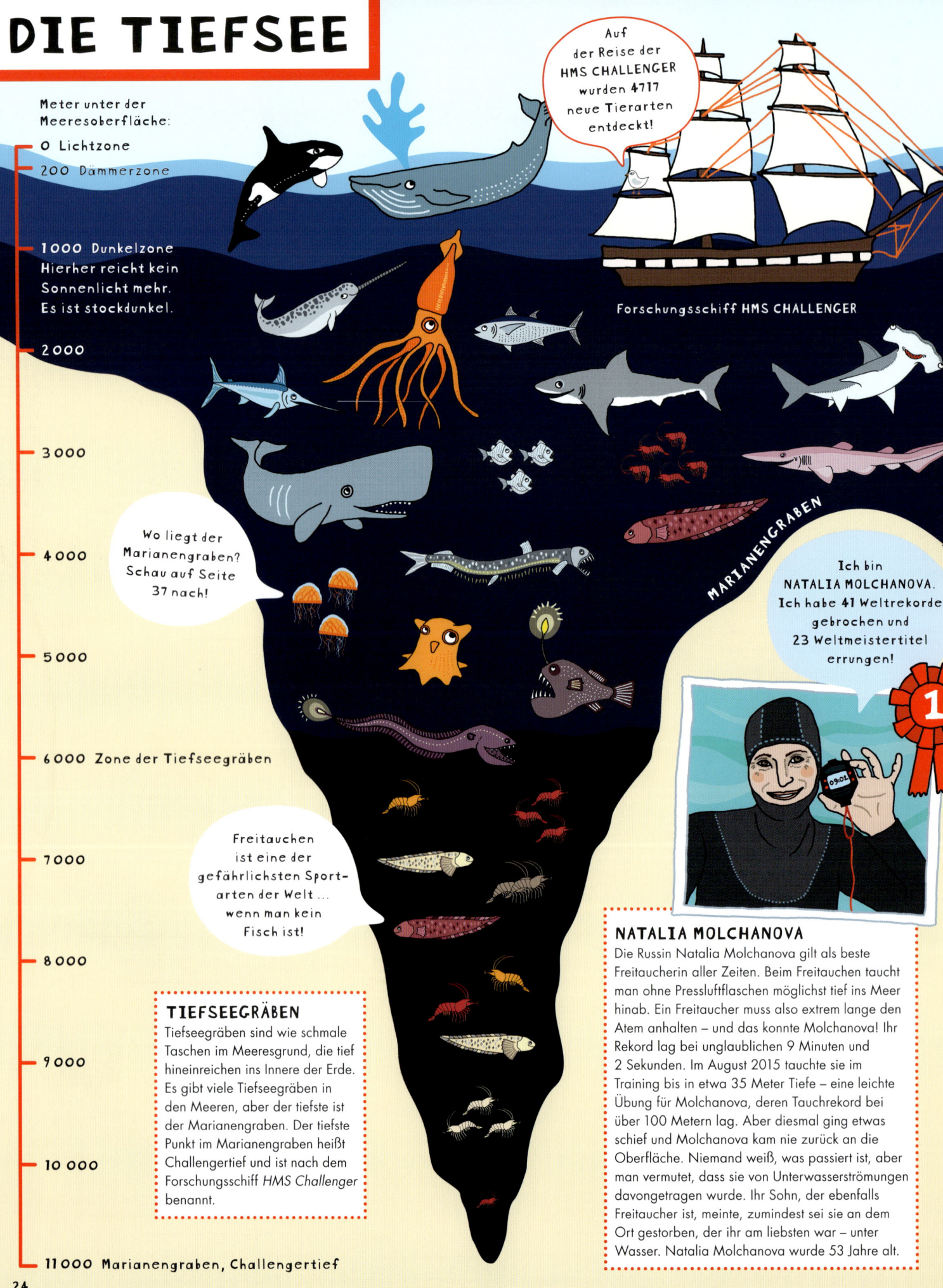

UNENDLICHES BLAU

Im Dezember 1872 brach das Forschungsschiff *HMS Challenger* auf zu einer Segelreise, die es vier Jahre lang kreuz und quer über die Weltmeere führen sollte.* Zu dieser Zeit war die Tiefsee eine vollkommen unerforschte Welt und man hatte keine Ahnung, wie es am Meeresgrund aussah. Doch das wollten die Wissenschaftler an Bord des Schiffs jetzt herausfinden!

Sie maßen die Wassertemperatur, nahmen Bodenproben und untersuchten die Tierwelt. Außerdem maßen sie an verschiedenen Stellen die Wassertiefe und fanden heraus, dass der Meeresgrund, genau wie der Boden an Land, aus Tälern, Hängen und Bergketten besteht. Im westlichen Pazifik entdeckte man auch den tiefsten Punkt der Meere. Er bekam den Namen Marianengraben und liegt unglaubliche 11.000 Meter unter der Meeresoberfläche, östlich der Inselgruppe der Marianen.

ZU BESUCH IM MARIANENGRABEN

Der Schweizer Jacques Piccard und der Amerikaner Don Walsh waren im Jahr 1960 die ersten Menschen, die hinunter in den Marianengraben tauchten – in dem Spezial-U-Boot *Trieste*. Nach fünf Stunden Fahrt durch das kohlschwarze Wasser kamen sie zum allertiefsten Punkt. Zu ihrer Überraschung sahen sie ein Tier, das im Licht der Scheinwerfer davonschwamm. Der Beweis, dass es selbst so tief unten im Meer Leben gibt!

2012 fuhr der kanadische Filmemacher James Cameron im U-Boot *Deepsea Challenger* hinunter in den Marianengraben und erkundete ihn mehrere Stunden lang. Später beschrieb er den Grund als weiße, flache, öde Wüste. Als er wieder heraufkam, berichtete er, dass er sich wie auf einem anderen Planeten gefühlt habe.

Zwölf Menschen waren auf dem Mond, aber nur drei unten im Marianengraben. Wie wenig!

Tiefsee-U-Boot **DEEPSEA CHALLENGER**

Tiefsee-U-Boot **TRIESTE**

BRR!

Hier drinnen saßen Jaques Piccard und Don Walsh und froren. In ihrem U-Boot war es kalt wie in einem Kühlschrank! Die Reise zum tiefsten Punkt der Erde, dem Marianengraben, und wieder hoch dauerte gut acht Stunden.

Ich bin JACQUES COUSTEAU. Ich bin bekannt für meine vielen Unterwasserfilme. Und für meine schöne rote Mütze!

JACQUES COUSTEAU

Jacques Cousteau, geboren 1910, war ein französischer Meeresforscher, Erfinder und Dokumentarfilmer und bereiste mit seinem Forschungsschiff *Calypso* die Weltmeere. Cousteau drehte viele beliebte Unterwasserfilme, unter anderem über Haie, Korallenriffe und die Tiefsee. Er erfand auch die „Aqualunge", einen Luftbehälter, den man sich auf den Rücken schnallen und mit dem man sich frei unter Wasser bewegen konnte. Also eine frühe Version unserer heutigen Pressluftflaschen! Cousteau wurde 87 Jahre alt.

* Den Weg der HMS CHALLENGER über die Meere kannst du dir auf Seite 36–37 ansehen.

IN DER LUFT

NORDPOLARMEER

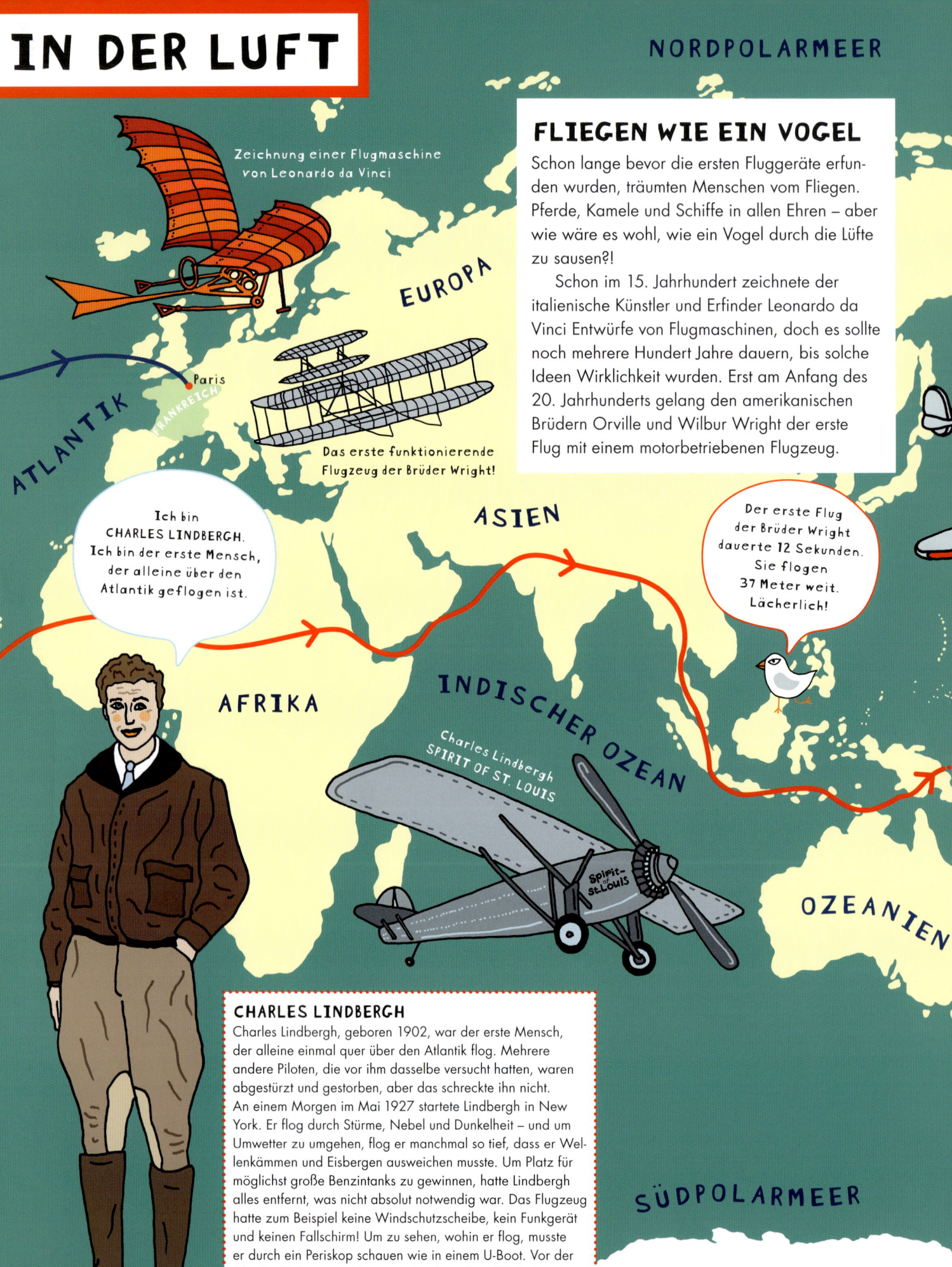

Zeichnung einer Flugmaschine von Leonardo da Vinci

EUROPA

Paris

FRANKREICH

ATLANTIK

Das erste funktionierende Flugzeug der Brüder Wright!

FLIEGEN WIE EIN VOGEL

Schon lange bevor die ersten Fluggeräte erfunden wurden, träumten Menschen vom Fliegen. Pferde, Kamele und Schiffe in allen Ehren – aber wie wäre es wohl, wie ein Vogel durch die Lüfte zu sausen?!

Schon im 15. Jahrhundert zeichnete der italienische Künstler und Erfinder Leonardo da Vinci Entwürfe von Flugmaschinen, doch es sollte noch mehrere Hundert Jahre dauern, bis solche Ideen Wirklichkeit wurden. Erst am Anfang des 20. Jahrhunderts gelang den amerikanischen Brüdern Orville und Wilbur Wright der erste Flug mit einem motorbetriebenen Flugzeug.

Ich bin CHARLES LINDBERGH. Ich bin der erste Mensch, der alleine über den Atlantik geflogen ist.

Der erste Flug der Brüder Wright dauerte 12 Sekunden. Sie flogen 37 Meter weit. Lächerlich!

ASIEN

AFRIKA

INDISCHER OZEAN

Charles Lindbergh SPIRIT OF ST. LOUIS

Spirit of St. Louis

OZEANIEN

CHARLES LINDBERGH

Charles Lindbergh, geboren 1902, war der erste Mensch, der alleine einmal quer über den Atlantik flog. Mehrere andere Piloten, die vor ihm dasselbe versucht hatten, waren abgestürzt und gestorben, aber das schreckte ihn nicht. An einem Morgen im Mai 1927 startete Lindbergh in New York. Er flog durch Stürme, Nebel und Dunkelheit – und um Umwetter zu umgehen, flog er manchmal so tief, dass er Wellenkämmen und Eisbergen ausweichen musste. Um Platz für möglichst große Benzintanks zu gewinnen, hatte Lindbergh alles entfernt, was nicht absolut notwendig war. Das Flugzeug hatte zum Beispiel keine Windschutzscheibe, kein Funkgerät und keinen Fallschirm! Um zu sehen, wohin er flog, musste er durch ein Periskop schauen wie in einem U-Boot. Vor der Abreise hielt man ihn für verrückt, aber als er 33 ½ Stunden später in Paris ankam, wurde er als Held gefeiert.

SÜDPOLARMEER

ANTARKTIS

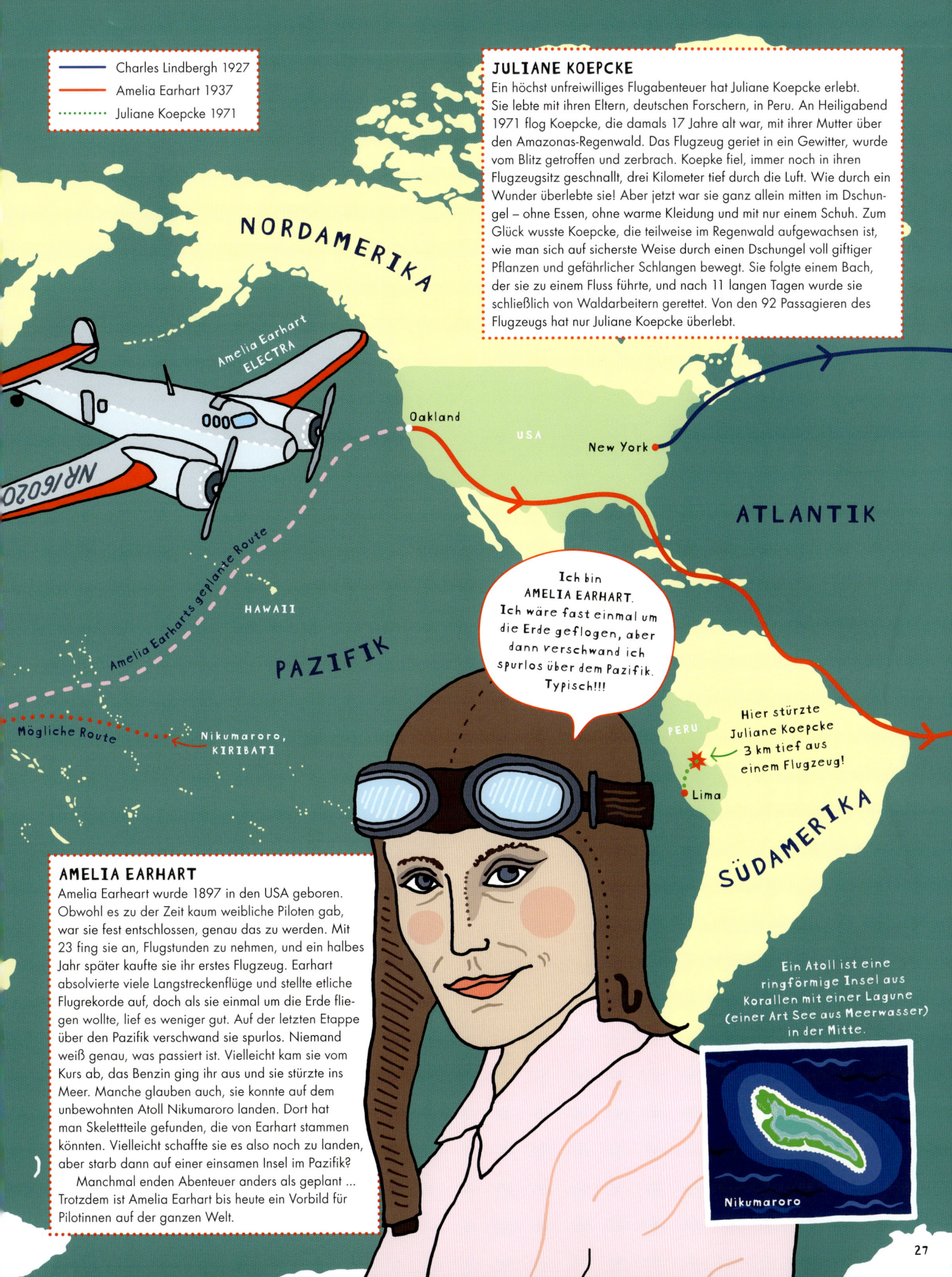

Legend:
- Charles Lindbergh 1927
- Amelia Earhart 1937
- Juliane Koepcke 1971

NORDAMERIKA

Amelia Earhart
ELECTRA

NR16020

Amelia Earharts geplante Route

Oakland

USA

New York

ATLANTIK

HAWAII

PAZIFIK

Mögliche Route

Nikumaroro,
KIRIBATI

JULIANE KOEPCKE

Ein höchst unfreiwilliges Flugabenteuer hat Juliane Koepcke erlebt. Sie lebte mit ihren Eltern, deutschen Forschern, in Peru. An Heiligabend 1971 flog Koepcke, die damals 17 Jahre alt war, mit ihrer Mutter über den Amazonas-Regenwald. Das Flugzeug geriet in ein Gewitter, wurde vom Blitz getroffen und zerbrach. Koepke fiel, immer noch in ihren Flugzeugsitz geschnallt, drei Kilometer tief durch die Luft. Wie durch ein Wunder überlebte sie! Aber jetzt war sie ganz allein mitten im Dschungel – ohne Essen, ohne warme Kleidung und mit nur einem Schuh. Zum Glück wusste Koepcke, die teilweise im Regenwald aufgewachsen ist, wie man sich auf sicherste Weise durch einen Dschungel voll giftiger Pflanzen und gefährlicher Schlangen bewegt. Sie folgte einem Bach, der sie zu einem Fluss führte, und nach 11 langen Tagen wurde sie schließlich von Waldarbeitern gerettet. Von den 92 Passagieren des Flugzeugs hat nur Juliane Koepcke überlebt.

[Sprechblase:] Ich bin AMELIA EARHART. Ich wäre fast einmal um die Erde geflogen, aber dann verschwand ich spurlos über dem Pazifik. Typisch!!!

PERU

Hier stürzte Juliane Koepcke 3 km tief aus einem Flugzeug!

Lima

SÜDAMERIKA

AMELIA EARHART

Amelia Earheart wurde 1897 in den USA geboren. Obwohl es zu der Zeit kaum weibliche Piloten gab, war sie fest entschlossen, genau das zu werden. Mit 23 fing sie an, Flugstunden zu nehmen, und ein halbes Jahr später kaufte sie ihr erstes Flugzeug. Earhart absolvierte viele Langstreckenflüge und stellte etliche Flugrekorde auf, doch als sie einmal um die Erde fliegen wollte, lief es weniger gut. Auf der letzten Etappe über den Pazifik verschwand sie spurlos. Niemand weiß genau, was passiert ist. Vielleicht kam sie vom Kurs ab, das Benzin ging ihr aus und sie stürzte ins Meer. Manche glauben auch, sie konnte auf dem unbewohnten Atoll Nikumaroro landen. Dort hat man Skelettteile gefunden, die von Earhart stammen könnten. Vielleicht schaffte sie es also noch zu landen, aber starb dann auf einer einsamen Insel im Pazifik?

Manchmal enden Abenteuer anders als geplant ... Trotzdem ist Amelia Earhart bis heute ein Vorbild für Pilotinnen auf der ganzen Welt.

Ein Atoll ist eine ringförmige Insel aus Korallen mit einer Lagune (einer Art See aus Meerwasser) in der Mitte.

Nikumaroro

MOUNT EVEREST

Die Nordseite des Mount Everest, „The North Face", in Tibet (China)

Ungefähr hier wurden Mallory und Irvine zum letzten Mal gesehen!

Eine Sauerstoffflasche von Mallorys und Irvines Expedition wurde 1999 gefunden.

Andrew Irvines Eispickel wurde 1933 gefunden.

Auf Seite 37 kannst du sehen, wo der Himalaya und der Mount Everest liegen!

NORTON-COULOIR

TIBET (CHINA)

NORDSATTEL

Hier wurde 1999 George Mallorys Leiche gefunden.

Ich bin GEORGE MALLORY. 1924 bin ich leider auf dem Mount Everest verschwunden ...

Ich bin ANDREW IRVINE. Ich hatte ein sehr abenteuerliches, aber kurzes Leben: Ich wurde nur 22!

In den 1920er-Jahren kletterte man im Wollanzug! Fesch!

A·W·GAMAGE·L™
HOLBORN
LONDON, E.C.I.

B·M· LEIGH MALLORY
CAMBRIDGE

MOTORING, CYKLING
SPORTS AND GENERAL
OUTFITTERS

MONTH of March 1924

Sales No	Date	Goods	Price	Charges	Total
1923 Oct	23	2 Pre Five Gloves 1 Doz Rolls	19 9	1 8 6	
Nov	26	1 Pre Five Gloves 10 Five Gloves		1 8 6 17 5 11 1	

ANDREW IRVINE
Andrew Irvine war jung und fit, aber keiner der routiniertesten Bergsteiger der Expedition. Dass er dennoch für die Gipfelbesteigung mit Mallory ausgewählt wurde, lag daran, dass er technisch begabt und gut darin war, die Sauerstoffflaschen zum Laufen zu bringen, wenn sie Probleme machten.

In Mallorys Taschen fand man eine Sonnenbrille, ein Taschenmesser und die unbezahlte Rechnung von einem Sportgeschäft.

1995 bestieg Georg Mallorys Enkel, Georg Mallory II, den Mount Everest. Auf dem Gipfel ließ er ein Bild seines Großvaters zurück.

SHERPAS

Die Sherpa sind ein Volk, das hoch oben im Himalaya lebt – vor allem in Nepal. Viele Sherpas sind begabte Bergsteiger und arbeiten heute als Bergführer und Helfer bei Kletter-expeditionen. Als Helfer tragen sie zum Beispiel Gepäck, bauen Lager und bringen Seile an. Auch Georg Mallory wurde bei seinen Expeditio-nen von Sherpas unterstützt. Auf der Expedition von 1922 starben sieben Sherpas bei einem Lawinenunglück.

Ein Berg mit Namen Mount Everest?! Das ist das Dümmste, was ich je gehört habe!

GEORGE EVEREST

Am Anfang des 19. Jahrhunderts wurde ein Riesenprojekt in Angriff genommen: Der indische Subkontinent sollte kartiert und die Berggipfel des Himalaya vermessen werden. Welches der höchste Berg der Welt war, wusste man damals noch nicht. Bis 1852, als der indische Mathematiker Radhanath Sikdar ins Kartierungsbüro gestürmt kam und berichtete, dass man einen Berg ausge-messen hatte, der höher war als alle anderen! Der Berg wurde auf den Namen Mount Everest getauft, um den Mann zu ehren, der das Kartierungsprojekt geleitet hatte: Georg Everest. Georg Everest hielt nichts von dieser Idee. Er fand, die Berge sollten die Namen behalten, die die örtliche Bevölkerung ihnen gegeben hatte. Doch man hörte nicht auf ihn, und seit 1856 heißt der höchste Berg der Welt Mount Everest. In Nepal dagegen nennt man ihn Sagarmatha und in Tibet (China) Chomolungma.

ZUM HÖCHSTEN PUNKT DER ERDE

Zwischen Indien, Pakistan, Afghanistan, Nepal, Bhutan und China erhebt sich die mächtige Gebirgskette des Himalaya. Hier sind die höchsten Berge der Welt versammelt, und der höchste von allen ist der gewaltige Mount Everest, mit einer Höhe von 8848 Metern über dem Meer.

DAS RÄTSEL VOM MOUNT EVEREST

Der Brite George Mallory, Bergsteiger, Lehrer und Vater von drei Kindern, nahm 1921 an der allerersten Expedition zum Mount Everest teil. Er war besessen von der Vorstellung, den Gipfel des Berges zu erreichen, und auf die Frage, warum, antwortete er: „Weil es ihn gibt."

Eine Karte des Gebiets gab es noch nicht, die mussten sie selbst zeichnen, während sie durch den Himalaya wanderten. Als sie am Mount Everest ankamen, studierte Mallory den Berg genau, um eine mögliche Route zum Gipfel zu finden. Im Jahr darauf kam er wieder und versuchte sich zusammen mit anderen an einer Gipfelbesteigung, die sie jedoch nach einem Lawinen-unglück abbrechen mussten.

1924 war Mallory zum dritten Mal am Mount Everest. Früh am Morgen des 8. Juni machte er sich zusammen mit Andrew Irvine auf den Weg Richtung Gipfel. Die übrigen Expeditionsteilnehmer warteten gespannt weiter unten am Berg und spähten erwartungs-voll hinauf. Um 12.50 Uhr lichteten sich die Wolken für kurze Zeit und man konnte nicht weit vom Gipfel zwei kleine Gestalten erahnen. Danach wurden sie nicht mehr gesehen und Mallory und Irvine kehrten nie zurück. Seitdem wird gerätselt, was dort oben auf dem Berg eigentlich geschah. Starben sie, bevor oder nach-dem sie den Gipfel des Mount Everest erreicht hatten?

GEFRORENE SPUREN

75 Jahre später fand ein britisches Kletterteam Georg Mallorys Leiche auf 8155 Metern Höhe. Der Körper war in der kalten, trockenen Luft mumifiziert und lag, weiß wie Marmor, auf der vereisten Bergflanke. Mallory hatte eine Kopfverletzung, meh-rere Knochenbrüche und ein abgerissenes Seil um den Bauch. Offensichtlich war er in den Tod gestürzt.

Andrew Irvines Leiche wurde bis heute nicht gefunden. Vielleicht liegt die Antwort, ob die beiden den Gipfel erreichten, mit ihm begraben. Man weiß nämlich, dass sie eine Kamera dabeihatten. Sollte man die finden, gäbe es vielleicht ein Beweis-foto. Doch solange sie nicht auftaucht, bleibt das Rätsel um die Mount-Everest-Bestei-gung ungelöst ...

IN MEMORY OF
GEORGE LEIGH·MALLORY
& ANDREW IRVINE
LAST SEEN 8th JUNE 1924
AND ALL THOSE WHO DIED
DURING THE PIONEER
BRITISH MT. EVEREST EXPEDITION

Gedenkstein am Fuß des Mount Everest

DIE ERSTEN AUF DEM GIPFEL!

Am 29. Mai 1953 schafften es Edmund Hillary, ein Imker aus Neuseeland, und der Sherpa Tenzing Norgay als Erste gemeinsam auf den Gipfel des Mount Everest. Und dann schafften sie etwas mindestens genauso Wichtiges, nämlich wieder herunterzukommen! Das war eine große Sensation und Hillary und Norgay wurden in kürzester Zeit weltberühmt.

Norgay und Hillary stiegen von Nepal aus auf, entlang der südöstlichen Seite des Berges. Inzwischen wurde der Mount Everest von allen möglichen und unmöglichen Richtungen bestiegen, aber der Weg, den Hillary und Norgay wählten, ist immer noch die gängigste Route auf den Berg.

GEFAHREN AM MOUNT EVEREST

Viel hat sich am Mount Everest verändert, seit Norgay und Hillary zum ersten Mal auf dem Gipfel standen. Heutige Bergsteiger haben eine bessere Sicherheitsausrüstung, aber sicher kann man sich auf einem Berg, der so hoch ist wie der Mount Everest, trotzdem nie fühlen. Gut 200 Menschen sind im Laufe der Jahre hier gestorben. Gründe dafür gibt es viele: Man kann abstürzen, vom Berg geweht werden oder in eine Gletscherspalte fallen, und nicht selten kommt es zu Lawinen oder unvorhergesehenen Stürmen. Und je höher man kommt, desto weniger Sauerstoff gibt es in der Luft. Jeder Schritt ist furchtbar anstrengend! Außerdem ist es extrem kalt, sodass man sich leicht Erfrierungen an verschiedenen Körperteilen holen kann – die später im schlimmsten Fall amputiert werden müssen!

Auf der Südseite des Berges muss man zudem durch den Khumbu-Eisfall: ein gigantisches Labyrinth aus kreuz und quer durcheinandergewürfelten riesigen Eisblöcken und Gletscherspalten. Der Eisfall ist eine der gefährlichsten Stellen am ganzen Berg, denn das Eis ist ständig in Bewegung und kann jederzeit wegbrechen.

Die allermeisten, die auf dem Mount Everest ums Leben kommen, sterben beim Abstieg, wenn die Kräfte aufgebraucht sind und man anfängt, Fehler zu machen. Fehler darf man sich nicht leisten, wenn man den höchsten Berg der Welt besteigen – und heil wieder herunterkommen will.

KAMI RITA

Der Sherpa Kami Rita wuchs in einem Dorf nahe des Mount Everest auf und ist der Mensch, der am allerhäufigsten auf dem Gipfel stand. Im Mai 2019 bestieg er den Berg zum 24. Mal. Und bevor er in Rente geht, will er noch ein weiteres Mal hinauf!

Ich bin REINHOLD MESSNER. Meine ersten Berge bestieg ich mit fünf!

REINHOLD MESSNER

Reinhold Messner gilt als *der* erfolgreichste Bergsteiger der Welt. Mit 26 Jahren bestieg er, zusammen mit seinem Bruder Günther, seinen ersten 8000er-Gipfel, den Nanga Parbat. Beim Abstieg wurde Günther von einer Lawine mitgerissen und verschwand. Reinhold überlebte, erlitt aber Erfrierungen an sieben Zehen, die später amputiert werden mussten. Dieses furchtbare Erlebnis hielt Messner jedoch nicht davon ab, weiter zu klettern. 1978 bestieg er als erster Mensch überhaupt den Mount Everest ohne Sauerstoffflasche – das galt bis dahin als unmöglich. Zwei Jahre später stieg er noch einmal ohne Sauerstoff auf den Mount Everest, diesmal allein, ohne die Hilfe von anderen. Messner war auch der erste Mensch der Welt, der alle vierzehn 8000er bestiegen hat – natürlich wieder ohne zusätzlichen Sauerstoff!

Ich bin EDMUND HILLARY. Ich bin als erster Mensch ganz oben auf dem Mount Everest angekommen, dem höchsten Berg der Welt.

Und ich bin TENZING NORGAY. Ich folgte einen Schritt hinter ihm. Hurra!

DER SÜDOSTGRAT
Der Südostgrat ist ein schmaler Bergkamm, den man entlang-gehen muss, um zum Gipfel zu kommen. Tritt man zu weit links auf, fällt man runter nach Nepal. Tritt man zu weit nach rechts, stürzt man einen 3000 m tiefen Steilhang herab und landet in Tibet.

MOUNT EVEREST
8848 Meter!

SÜDOSTGRAT

LHOTSE
Der vierthöchste Berg der Welt

TIBET (CHINA)

NEPAL

SÜDSATTEL

Lager 4
8000 m

DIE TODESZONE
Im Gebirgszug des Himalaya befinden sich über 100 der höchsten Berggipfel der Erde. Nirgendwo sonst gibt es so hohe Berge! 14 von ihnen sind über 8000 m hoch und liegen in der sogenannten „Todeszone". Hier enthält die Luft so wenig Sauerstoff, dass man nur kurze Zeit überleben kann. Daher benutzen die meisten, die hier oben bergsteigen, Sauerstoffflaschen.

Lager 3
7500 m

TAL DES SCHWEIGENS

Lager 2
6500 m

Vor 50 Millionen Jahren stieß Indien, damals eine Insel, mit Asien zusammen. Damit begann die Bergkette des Himalaya zu entstehen. Der Himalaya wächst immer noch und der Mount Everest wird jedes Jahr 4 mm höher!

KHUMBU-EISFALL

Lager 1
6000 m

Um die Gletscherspalten im Eisfall zu überqueren, klettert man über Leitern, die über den Spalten liegen.

Basislager
5300 m

KHUMBU-GLETSCHER

RAINBOW VALLEY
Unterhalb des Gipfels des Mount Everest liegt das „Regenbogental". Der Name hat eine grausige Herkunft: Über die Bergflanke verteilt liegen Tote in farbenfrohen Outdoor-Klamotten. Eine Leiche vom Mount Everest herunterzuschaffen, ist nahezu unmöglich – wer auf dem Berg stirbt, bleibt daher einfach liegen. Eine der bekanntesten Toten vom Mount Everest ist die deutsche Bergsteigerin Hannelore Schmatz. Beim Abstieg nach einer Gipfelbesteigung im Jahr 1979 setzte sie sich erschöpft hin, um auszuruhen – und starb an Ort und Stelle. Mehrere Jahre saß sie dort und ihr braunes Haar flatterte im Wind. Alle Bergsteiger, die zum Gipfel wollten, mussten an ihr vorbei. Fünf Jahre nach ihrem Tod versuchten ein nepalesischer Polizist und ein Sherpa, ihren Leichnam vom Berg zu holen, doch bei der Bergung stürzten sie selbst ab und starben!

MOUNT EVEREST BEI NACHT
Den Mount Everest zu besteigen kann Monate dauern! Auf dem Weg nach oben schlägt man mehrere Lager auf, in denen man sich ausruhen kann, und steigt dann mehrmals zwischen ihnen auf und ab, um den Körper an die große Höhe zu gewöhnen.
Die Gipfelbesteigung macht man von Lager vier aus. In der Regel bricht man mitten in der Nacht auf und klettert die ersten Stunden mit Stirnlampe – damit man es bis nach oben und auch wieder herunter schafft, bevor es am nächsten Abend dunkel wird. Wenn viele Menschen gleichzeitig auf dem Mount Everest sind, sieht der lebensgefährliche Berg nachts manchmal aus wie ein Weihnachtsbaum!

SPUTNIK 1
1957

SPUTNIK 2
1957

Ich bin
JURI GAGARIN.
Ich bin nur 1,57 m groß.
Perfekt, wenn man in einer
engen Raumkapsel Platz
finden soll! Ich war der
erste Mensch im All!

WOSTOK 1
1961

JURI GAGARIN

Juri Gagarin wurde 1934 in der Sowjetunion geboren.
Mit 27 Jahren ging er als erster Mensch im Weltall
in die Geschichte ein. Gagarin galt danach in der
Sowjetunion als Nationalheld und durfte nicht noch
einmal ins All reisen, da man nicht riskieren wollte,
dass ihm etwas zustieß. Leider nützte das nichts,
denn Gagarin, der nicht nur Kosmonaut, sondern auch
Pilot war, stürzte stattdessen mit einem Jagdflugzeug
ab und starb 1968 mit nur 34 Jahren.

VALENTINA TERESCHKOVA

Die erste Frau im Weltall war die sowjetische Kosmonautin
Valentina Tereschkova, die 1963 im Raumschiff Wostok 6
48 Runden um die Erde flog. Zu Beginn des Weltraum-
flugs bemerkte Tereschkova einen schweren Fehler in den
Einstellungen des Raumschiffs. Statt zur Erde zurückzukehren, war das Raumschiff darauf programmiert, weiter und
weiter in den Weltraum zu fliegen! Zum Glück entdeckte
Tereschkova den Fehler noch rechtzeitig und landete
drei Tage später wieder auf der Erde. Eine Frau als
Raumfahrerin war damals eine Sensation, und es sollte
noch 20 Jahre dauern, bis die USA die erste (weibliche)
Astronautin, Sally Field, ins All schickte. Heute ist das
anders und die NASA bildet etwa genauso viele Frauen
wie Männer für die Raumfahrt aus.

Ich bin LAIKA. Ich war der allererste Raumfahrer. Leider!

WELTRAUMHÜNDIN LAIKA

Mischlingshündin Laika war drei Jahre alt, als sowjetische Wissenschaftler sie in den Straßen von Moskau auflasen und zum Weltraumhund ausbildeten. Unter anderem sollte sie sich an enge Räume und an Futter in Gelform gewöhnen. Am Tag vor ihrem Weltraumflug nahm einer der Wissenschaftler sie mit nach Hause zu seinen Kindern – an ihrem letzten Tag auf Erden sollte Laika noch ein bisschen Spaß haben. Am 3. November 1957 wurde Laika dann im Satelliten *Sputnik* 2 ins Weltall geschickt. Man berichtete, Laika hätte sechs Tage in der Raumkapsel überlebt, doch im Jahr 2002 kam die Wahrheit ans Licht: Sie war schon nach wenigen Stunden an Überhitzung gestorben. Ruhe in Frieden, Weltraumhündin Laika!

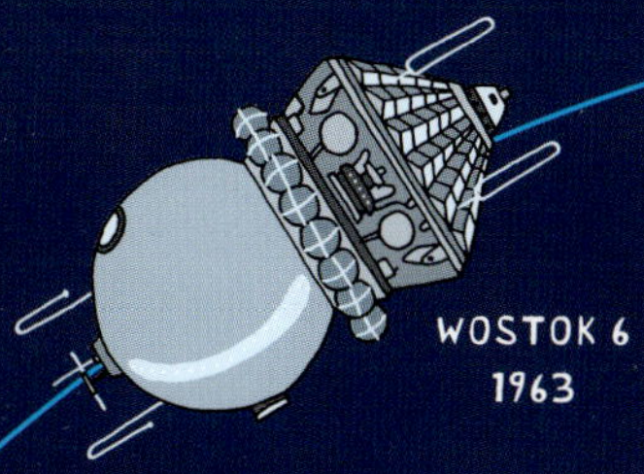

WOSTOK 6 1963

Ich bin VALENTINA TERESCHKOVA. 1963 bin ich mit dem Raumschiff WOSTOK 6 ins All geflogen. Meine Reise war bis ins kleinste Detail geplant, aber meine Zahnbürste habe ich auf der Erde vergessen. Typisch!

IN DIE UNENDLICHKEIT ... UND WEITER!

Schon immer haben die Menschen hinauf zum Mond und den Sternen geblickt und sich ausgemalt, ins Weltall zu reisen. Die Erde ganz zu verlassen – was für ein Abenteuer! Aber um ins All zu fliegen, braucht man mehr als Mut und große Träume – nämlich ein Raumschiff. Und Ende der 1950er-Jahre hatte man endlich eines!

SPUTNIK

Am 4. Oktober 1957 schickte die Sowjetunion einen Satelliten ins Weltall, der danach in der Erdumlaufbahn kreiste. Der Satellit, der aussah wie eine Kugel, hieß *Sputnik 1*.

Einen Monat später wurde *Sputnik 2* in den Himmel geschossen, und diesmal war ein lebendes Wesen mit an Bord. In der engen Kapsel saß die Hündin Laika. Für die Wissenschaftler war das ein großer Triumph, nicht aber für Laika. Einen Plan, sie wieder herunterzuholen, gab es nämlich nicht, und Laika kehrte nie zur Erde zurück.

DER ERSTE MENSCH IM WELTRAUM!

Einige Jahre später, im April 1961, war der Moment gekommen, auf den alle gewartet hatten ... Die Sowjetunion schoss das Raumschiff *Wostok 1* mit dem Kosmonauten Jurij Gagarin an Bord ins All. Er war der allererste Mensch im Weltraum!

Nach einer Runde um die Erde, 108 Minuten nach dem Start, landete Gagarin auf einem Acker im Süden Russlands. Bald kannte ihn die ganze Welt, und Gagarin wurde als Held gefeiert.

Ich bin ALAN SHEPARD. Ich war der zweite Mensch im All ...

ALAN SHEPARD

Der amerikanische Astronaut Alan Shepard war der zweite Mensch im Weltall. Enttäuschende 23 Tage nach Juri Gagarins Weltraumrekord flog er in der Raumkapsel *Freedom 7* ins All. Direkt vor dem Start hörte man Shepard im Raumschiff sagen: „Bitte, lieber Gott, lass mich das hier nicht verkacken." Der Ausspruch wird bis heute das „Gebet des Astronauten" genannt.

WELTRAUM-SPRECH:
Astronaut = Raumfahrer aus den USA
Kosmonaut = Raumfahrer aus Russland / der Sowjetunion
NASA = die staatliche Raumfahrtbehörde der USA

AUF DEM MOND

EINMAL ZUM MOND UND ZURÜCK

Zwischen 1957 und 1963 waren die Raumfahrtforscher in der Sowjetunion bei den meisten Dingen die Ersten. Sie schickten den ersten Satelliten, den ersten Hund, den ersten Mann und die erste Frau ins All. 1961 beschloss der Präsident der USA, John F. Kennedy, dass sie nun aber wirklich auch mit etwas die Ersten sein müssten – man sollte Menschen zum Mond schicken! Und acht Jahre (und viele Milliarden Dollar) später war es tatsächlich so weit!

APOLLO 11

Am 16. Juli 1969 verließ das Raumschiff *Apollo 11* die Erde, drei amerikanische Astronauten an Bord: Neil Armstrong, Buzz Aldrin und Michael Collins. Nach viertägigem Flug durchs All erreichten sie endlich den Mond. Die ganze Welt klebte vorm Radio oder Fernsehbildschirm, als Neil Armstrong seine ersten Schritte auf dem Mond machte. In dem Moment, als der große Schuh seines Raumanzugs in den Mondstaub einsank, sagte er den legendären Satz: „Dies ist ein kleiner Schritt für einen Menschen, aber ein großer Sprung für die Menschheit."

Direkt hinter Armstrong zwängte sich der Astronaut Buzz Aldrin aus der engen Mondlandefähre *Eagle*. Armstrong und Aldrin verbrachten gut zwei Stunden auf dem Mond. Sie machten Fotos, sammelten Proben, telefonierten mit Präsident Nixon und mühten sich ab, eine amerikanische Flagge in den harten Boden zu stecken.

Michael Collins dagegen setzte nie einen Fuß auf den Mond, obwohl er ihm so nah war. Seine Aufgabe war es, das Raumschiff Runde um Runde um den Mond zu fliegen, bis Armstrong und Aldrin mit ihrem Auftrag fertig waren. Die Hälfte der Zeit, nämlich immer wenn er auf der Rückseite des Mondes entlangflog, war er außerdem im Funkschatten und ohne jeglichen Kontakt zur Erde. Die Apollo-11-Expedition lief genau wie geplant und nach dem Mondspaziergang flogen alle zurück zur Erde. Hin und zurück dauerte die Reise insgesamt gut acht Tage.

DAS APOLLO-PROGRAMM

Das Apollo-Programm war ein amerikanisches Raumfahrtprojekt zwischen 1961 und 1972 mit dem Ziel, Menschen auf den Mond zu schicken. Am Anfang lief es schlecht – die *Apollo 1* fing schon auf der Startrampe Feuer und die drei Astronauten an Bord starben. Aber acht Jahre später hatte das Projekt Erfolg und die *Apollo 11* landete auf dem Mond! Darauf folgten fünf weitere geglückte Mondlandungen, die Apollo-Missionen 12, 14, 15, 16 und 17. *Apollo 13* dagegen wäre beinahe in einer totalen Katastrophe geendet. Zwei Tage nach dem Start explodierte einer der Sauerstofftanks des Raumschiffs. Mit Grauen verfolgte die Welt, wie die drei Astronauten versuchen mussten, in einem kaputten Raumschiff zurück zur Erde zu gelangen! Zum Glück ging alles gut und die *Apollo 13* landete im April 1970 im Pazifik. Nach *Apollo 17*, die 1972 auf dem Mond landete, wurde das Programm eingestellt, und seitdem war kein Mensch mehr auf dem Mond. Insgesamt waren 12 Menschen auf dem Mond, allesamt Apollo-Astronauten.

Ich bin MICHAEL COLLINS. Ich stand nie auf dem Mond. Aber ich bin 14 Runden drum rumgeflogen – ganz allein!

Ich bin NEIL ARMSTRONG. Der erste Mensch, der auf dem Mond stand! YES!

DER ADLER IST GELANDET!

APOLLO 11, die Mondlandefähre EAGLE („ADLER")

Houston, wir haben ein Problem!

APOLLO 13

Der Mond hat keine Atmosphäre, das heißt, es gibt auch keinen Regen oder Wind. Alle Fußabdrücke, die die Astronauten auf dem Mond hinterlassen haben, werden also für immer dableiben!

DER MOND

REGENBOGENBUCHT
Sinus Iridum

REGENMEER
Mare Imbrium

MEER DER HEITERKEIT
Mare Serenitatis

APOLLO 15

APOLLO 17

KRATER POPPY

MEER DER GEFAHREN
Mare Crisium

OZEAN DER STÜRME
Oceanus Procellarum

MEER DER RUHE
Mare Tranquillitatis

APOLLO 11

APOLLO 14

APOLLO 12

APOLLO 16

Ich bin POPPY NORTHCUT. Ich bin superintelligent! Ohne meine mathematischen Berechnungen wären die Apollo-Astronauten nie zur Erde zurückgekommen!

$$P = \mathcal{R}_1 \mathcal{R}_2 \sqrt{\frac{\mu P}{\mathcal{R}_2^2 V_2^2}} - sm \Psi \left(\frac{\mu P}{\mathcal{R}_2^2 V_2^2}\right)\mathcal{R},$$

$$Let\ X = \sqrt{\frac{\mu P}{\mathcal{R}_2^2 V_2^2}} = sm\, \beta_{27}$$

Ich bin BUZZ ALDRIN. Ich war der Zweite auf dem Mond!

WOLKENMEER
Mare Nubium

MEER DER FEUCHTIGKEIT
Mare Humorum

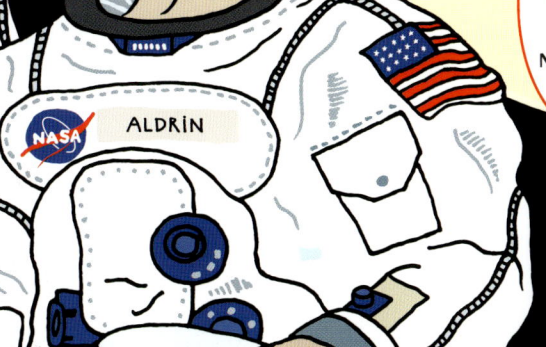

NASA   ALDRIN

Achtung, mystisch: Neil Armstrong war der erste Mensch auf dem Mond. Und wenn man NEIL A. rückwärts liest, kommt ALIEN raus!

FRANCES „POPPY" NORTHCUT

Poppy Northcut ist selbst nie in die Nähe des Mondes gekommen, aber sie hatte trotzdem enorm wichtigen Anteil an den Reisen dorthin. Northcut war Mathematikerin und mit nur 25 Jahren die erste Frau, die im Kontrollraum der amerikanischen Raumfahrtzentrale NASA arbeitete. Northcut rechnete aus, wie die Apollo-Raumschiffe vom Mond zur Erde zurückkehren sollten – eine nicht gerade unwichtige Aufgabe! Als der Sauerstofftank der *Apollo 13* explodierte, wurde sie eil-einberufen, um die Astronauten heimzuholen. Dafür bekam sie später eine Medaille vom Präsidenten. Aber damit nicht genug! Nach ihr wurde auch ein Krater benannt: Krater Poppy.

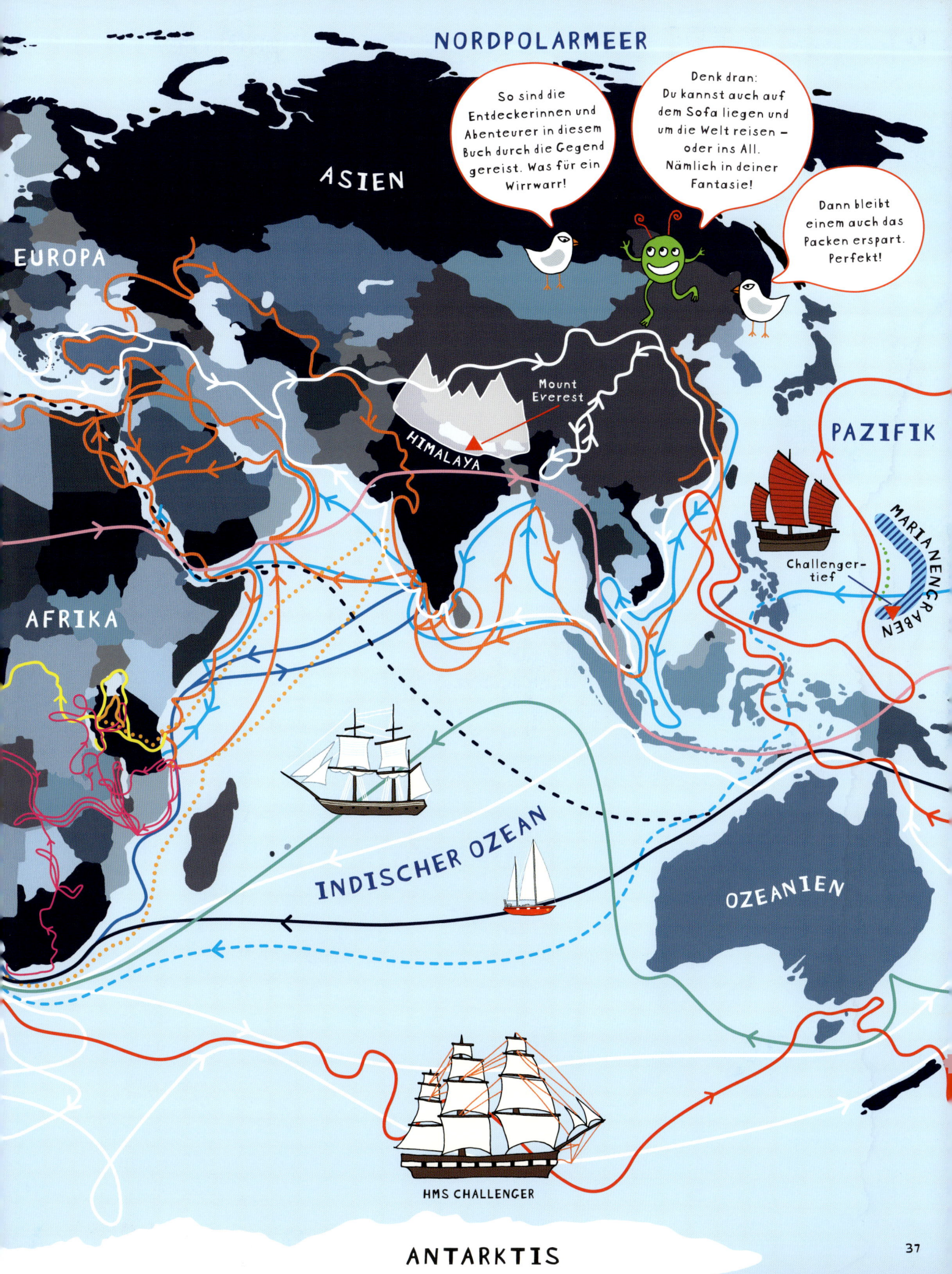

NORDPOLARMEER

ASIEN

INDISCHER OZEAN

OZEANIEN

N

W   O

S

ANTARKTIS